股权激励、税务激进行为及其经济后果研究

盛常艳　著

中国财经出版传媒集团
中国财政经济出版社

图书在版编目（CIP）数据

股权激励、税务激进行为及其经济后果研究/盛常艳著. --北京：中国财政经济出版社，2019.12

ISBN 978-7-5095-9529-9

Ⅰ.①股… Ⅱ.①盛… Ⅲ.①股权激励-研究 Ⅳ.①F272.923

中国版本图书馆CIP数据核字（2019）第290966号

责任编辑：谷兴华　　　　责任校对：胡永立

封面设计：陈宇琰

中国财政经济出版社 出版

URL：http：//www.cfeph.cn

E-mail：cfeph@cfeph.cn

社址：北京市海淀区阜成路甲28号　邮政编码：100142

营销中心电话：010-88191537　北京财经书店电话：64033436　84041336

北京财经印刷厂印刷　各地新华书店经销

710×1000毫米　16开　10.5印张　175 000字

2019年12月第1版　2019年12月北京第1次印刷

定价：42.00元

ISBN 978-7-5095-9529-9

（图书出现印装问题，本社负责调换）

本社质量投诉电话：010-88190744

打击盗版举报热线：010-88191661　QQ：2242791300

前言

股权分置改革实施后，国务院国有资产监督管理委员会（以下简称国务院国资委）、财政部和中国证券监督管理委员会（以下简称中国证监会）等相关部门出台了很多股权激励的相应政策，许多上市公司积极进行股权分置改革并发布和实施了股权激励方案，包括股票期权、限制性股票等方式，股权激励迅速发展，已成为上市公司不可或缺的激励方式。在此背景下，公司对管理层实施股权激励能否产生积极的效应已成为一个亟待探索的实际问题。国内外文献大多研究股权激励的效应，包括是其否会引起管理层激进的税务决策和操纵会计信息，结论不一致。因此，从股权激励视角研究它对税务激进行为的影响，探索这一问题的经济后果，具有一定的理论意义和实践意义。

在系统综述国内外相关研究成果的基础上，本书借鉴国际经验，结合我国股权激励的制度背景，运用委托代理理论、不完全契约理论、博弈理论、激励理论、信息不对称与信号传递理论等经济学理论，主要采用实证研究方法对股权激励、税务激进行为（Tax Aggressiveness Action）与会计信息质量的关系进行研究。

本书实证检验了股权激励与税务激进行为之间的关系。结果显示，股权激励对我国上市公司的税务激进行为产生了显著的正影响，管理层股权激励水平越高，税务激进水平越高。考虑了所有权性质因素之后，发现所有权性质影响了股权激励与税务激进行为的关系，国有控股公司与非国有控股公司管理层股权激励与税务激进行为的关系存在差异。相对于国有控股公司，非国有控股公司对股权激励与税务激进行为的影响更显著。非国有控股公司实施股权激励相对国有控股公司会采取更多的税务激进行为。

本书实证检验了股权激励与会计信息质量的关系。股权激励对我国上市公司会计信息质量产生了显著的负影响，即管理层股权激励水平越高，会计信息质量越低。结合我国上市公司所有权性质、管理层控制权、股权结构以及董事会治理不同的特点，分析发现非国有控股公司实施股权激励比国有控股公司会计信息质量低；董事长和总经理两职位兼任（以下简称两职合一）公司实施股权激励比两职位不兼任（以下简称非两职合一）公司会计信息质量低；随着第一大股东持股比例增加，会制约股权激励对会计信息质量的负影响；独立董事比例增加，会制约股权激励对会计信息质量的负影响。

本书实证检验了税务激进行为的经济后果，主要研究税务激进行为对会计信息质量的影响以及实施股权激励对税务激进行为与会计信息质量关系的影响，结果显示，税务激进行为对我国上市公司会计信息质量产生了显著的负影响，公司进行税务激进行为水平越高，会计信息质量越低。考虑了股权激励因素之后，发现公司是否对管理层实施股权激励会对税务激进行为与会计信息质量的关系产生不同影响。实施股权激励会促进税务激进行为与会计信息质量之间的负相关关系更显著。

本书在理论分析与实证检验的基础上，结合实际提出了政策建议。第一，完善股权激励确定机制。股权激励的确定机制应当通过公司治理进行约束，并结合公司自身的特点，将股东、管理层以及资本市场、税收环境、经理人市场、行业动态、公司战略、公司价值观等结合，最终得到有效实施，实现长期效应。第二，健全股权激励监督体系。股权激励的实施应当健全内部环境和外部环境同时配合有效的监督机制，完善治理结构是实施股权激励的基本保障。第三，合理制定税务决策。公司在制定税务决策时应当考虑股权激励对税务行为激进程度的负面影响，采取谨慎的态度。第四，规范信息披露内容。为了加强对管理层的监督，必须公布经营内部信息，规范信息披露机制是达到激励效果的前提和基础。本书的研究有限，未来在研究内容、方法和数据方面尚需进一步努力。

目　录

第 1 章
导　论

1.1　研究背景与研究意义

1.1.1　研究背景

（1）上市公司实施股权激励日趋频繁。现代企业制度下，公司股权逐渐分散，所有权与经营权分离导致股东与管理层出现利益冲突。为此，股东着力于建立高效的管理层团队，通过激励与相应的惩罚机制引导管理层实现企业价值最大化，股权激励在这样的背景下应运而生。

在 2005 年以前，我国上市公司必须向政府以及相关监管机构提出申请，审批合格后允许管理层持有股份，但管理层所持股份不能在二级市场流通。股权分置改革后，2006 年初，中国证监会颁布了《上市公司股权激励计划管理办法（试行）》，同年 9 月国务院国资委和财政部也颁布了《国有控股上市公司实施股权激励试行办法》。股权激励有关规定的实施，标志着我国上市公司股权激励的开端。2008 年，中国证监会陆续发布《股权激励有关事项备忘录》第 1 号至第 3 号，同年国务院国资委、财政部下发了《关于规范国有控股上市公司实施股权激励有关问题的通知》，进一步规范了股权激励的操作。2009 年，财政部、国家税务总局陆续出台《关于上市公司高管人员股票期权所得缴纳个人所得税有关问题的通知》等政策，完善和细化了股权激励的操作。2012 年，中国证监会发布《上市公司员工持股计划管理暂行办法（征求意见稿）》，强化员工持股的信息披露，防止利用员工持股计划进行内幕交易和利益输送。2014 年 6 月，中国证监会制定了《关于上市公司实施员工持股计划试点的指导意见》，标志着我国股权激励政策的完善。2006 年以来，股权激励在政策上经过了“试点期→规范期→推广期→发展期→完善期”的历程，如图 1.1 所示。

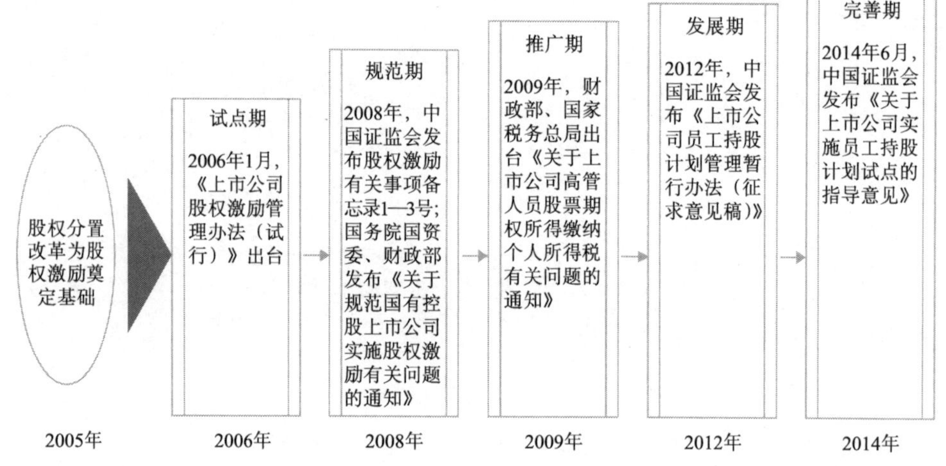

图 1.1　股权激励政策历程

自 2006 年以来，国内 A 股上市公司首次披露股权激励方案的数量总体呈上升趋势，其中，2010—2017 年分别为 74 家、132 家、141 家、190 家、188 家、215 家、251 家和 405 家。

通过以上数据可以看出，上市公司推出股权激励方案的热情越来越热烈，反映为越来越多的上市公司采取持续激励方式，激发员工的活力与动力，以避免短期行为带来的风险。但是，与国外成熟的资本市场相比，我国的股权激励尚处于发展阶段。一些上市公司进行股权激励的动机是什么？股权激励带给管理层什么角色定位？上市公司股权激励之后，对于管理层有何影响？都是值得我们研究的问题。

（2）股权激励影响效应不同。Jensen 和 Meckling 于 1976 年以委托代理理论为研究框架，综合分析产权结构、代理成本与企业价值的关系，开启了管理层股权激励与公司治理相关性的研究。此外股权激励与代理成本、税收负担以及企业价值的关系也是学术界一直研究的问题。上市公司进行股权激励是否能够影响管理层税务筹划决策及企业价值？目前学术界形成三种观点：第一，一些学者认为在所有权与经营权分离的情况下，实施股权激励计划会强化管理层与所有者的利益共享，避免短期风险，导致管理层以企业价值最大化为目标。管理层为了实现企业价值最大化，追逐与所有者共享的经济利益，可能会做出更多的避税决策，在公司进行税后收益的激励计划时，管理层实施激进的避税行为更为明显（Phillips，2003①；Rego 和 Wilson，2010②；Armstrong 等，2010③）。第二，一些学者认为股权激励有时无法促使管理层与股东利益一致。由于管理层在激励有效期和非激励有效期内调节利润，使得股权激励之后，公司利润下降，费用上升（DeFusco 等，1990④）。股权激励没有实现企业价值最大化的目标，反而导致管理层采取短期行为。第三，一些学者认为公司实施股权激励会刺激管理者的心态，除此之外，管理层的个人特性、心理等也会影响避税决策。有些管理者不过多关注公司税负，有些管理者即使没有相应激励也会采取激进的避税决策，再者除了股权激励之外，资本市场因素、管理者个人因素等也会影响决策效应。此外，我国国有控股上市公司占上市公司很大比重，所有权与经营权分离带来的委托代理关系比较复杂。国有控股公司的管理层大多是政府委派的，管理层股权激励明显区别于一般上市公司，导致实施股权计划对管理层避税的决策的影响是不同的。

管理层角色定位对于激进的避税决策是至关重要的。进一步深入分析，股权激励作为税务筹划的一个重要影响因素，能够降低管理层和股东之间的信息不对称。特别是，管理层选择权的价值会与股票价格和股票收益波动同时增加，股票期权会激励管理层进行高风险、高报酬的项目。之前的研究发现股权激励与管理决策风险相关，尤其是投资和融资决策（Guay，1999⑤；Rajgopal 和 Shevlin，2002⑥）。Coles 等（2006）⑦研究表明股权激励与风险较高的公司

---

① Phillips, J . Corporate tax planning effectiveness: The role of compensation – based incentives [J]. The Accounting Review . 2003. 78 (3): 847 – 874.

② Rego, S. , Wilson, R. , Executive compensation, equity risk incentives, and corporate tax aggressiveness. Working Paper, University of Iowa. 2010.

③ Armstrong, C. S. , J. L. Blouin, and D. F. Larcker. The incentives for tax planning. Working paper, Stanford University and University of Pennsylvania. 2010.

④ DeFusco, R. A. , Johnson R. R. and Zorn, T. S. The effect of executive stock option plans on stockholders and bondholders [J]. Journal of Finance, 1990 (45): 617 – 627.

⑤ Guay, W. R. The sensitivity of CEO wealth to equity risk: An analysis of the magnitude and determinants [J]. Journal of Financial Economics. 1999 (53): 43 – 71.

⑥ Rajgopal, S. and T. Shevlin. Empirical evidence on the relation between stock option compensation and risk taking [J]. Journal of Accounting and Economics. 2002. 33 (2): 145 – 171.

⑦ Coles, J. L. , N. D. Naveen, and L. Naveen. Managerial incentives and risk – taking [J]. Journal of Financial Economics. 2006. 79 (2): 431 – 468.

决策相关，包括更多的研发投资，降低资本支出，更高的财务杠杆。Cohen、Dey 和 Lys（2009）①找到证据证明股权激励与激进的风险管理相关，但自萨班斯—奥克斯利法案之后，其相关性却减弱，原因在于其同时降低了期权薪酬。现有研究对于管理层激励效果的实现路径仍有争议，同时也较少从内部决策者层面上观察避税决策的形成机理。因此，股权激励对管理层实施避税决策影响机制也是我们需要研究的问题。

（3）财税差异日趋明显。2001 年，披露安然有限公司（以下简称安然公司）会计舞弊和激进的税务行为以来，美国监管者、学者和投资者都在关注财务报告激进行为和税务报告激进行为。美国证券交易委员会（SEC）把注意力集中在财务重述以及众多会计舞弊案件；美国财政部一直在积极推动调查和起诉避税行为；与此同时，投资者把焦点集中在公司报告会计收益远高于上报税务机关的应税所得方面（Browning，2004②；Drucker，2006③）。证据表明，从 20 世纪 90 年代中期到 21 世纪初，财务报告和税务报告激进度持续增加。在这段时间内，许多公司被调查或起诉是因为会计舞弊行为和滥用避税的交易。美国国内收入局（IRS）和学术研究人员还指出，在同一时期会计收益和应税所得之间的差距越来越大。Boynton 等（2005）④ 研究显示，总财税差异从 1993 年的 430 亿美元增长到 1999 年的 3 130 亿美元，以及在 2001 年后下降到 490 亿美元，财税差异又在 2003 年增长至 4 360 亿美元。因此，表明这段时间内很多公司正在进行越来越多的激进报告行为。一个公司有能力操纵会计收益上升（不影响应税所得的情况下），意味着也有能力操纵应税所得降低（不影响会计收益的情况下），表明企业在同一报告期有机会进行激进的财务和税务行为。相反，以前的研究资料说明企业经常面临权衡财务和税务报告的决策。在这些研究中，企业一般向股东报告较高的会计收益或者向税务机关报告较低的应税所得，因为公认会计原则和税法迫使公司决定哪种决策对于管理层

---

① Cohen D.，A. Dey，and T. Lys. The Sarbanes Oxley Act of 2002：Implications for compensation contracts and managerial risk－taking. working paper. Stern School of Business. 2009.

② Browning L. Study finds accelerating drop in corporate taxes. The New York Times . 2004.

③ Drucker J. Minding the gap：IRS looks closer to profit disparity ［J］. The Wall Street Journal. 2006. C1.

④ Boynton C.，P. DeFilippes，and E. Legel. Prelude to Schedule M－3：Schedule M－1 corporate book－tax difference data 1990—2003. Proceedings of the Annual Conference on Taxation. National Tax Association－Tax Institute of America. Washington，DC. 2005：131－137.

更重要（Shackelford 和 Shevlin，2001①）。财税差异很大的公司会受到更严格的监督（Cloyd，1995②；Mills，1998③；Badertscher、Phillips、Pincus 和 Rego，2009④）和外部审计（Hanlon 和 Krishnan，2006⑤）。上述文献的研究结论形成鲜明对比，一方面，公司有能力进行激进的财务和税务行为，在一定程度上，公司的运营环境允许在做出财务和税务决策时有大量职业判断，从而可以有更高的能力来进行激进的财务和税务行为。另一方面，即使企业有能力进行激进的财务和税务行为，也不一定表示企业愿意从事这两种行为。管理层经常面临权衡决策，公司可能会避免同时进行激进的财务和税务报告，以避免更全面详细的监管审查。会计利润与应税所得之间不断扩大的差异，表明企业可能并不总是需要权衡财务和税务报告决策。相反，因会计准则与税收法规之间有差异，可以为企业提供在同一个报告期间增加会计利润、减少应税所得的机会。因此，本书研究激进的税务行为是否会影响管理层盈余管理进而降低会计信息质量具有实际意义。

1.1.2　研究意义

（1）理论意义。

①丰富税务筹划与盈余管理研究领域。从管理层股权激励角度，研究税务激进行为对会计信息质量的影响机制。在会计准则与税收法规存在差异的情况下，权衡税收与非税成本一直是税务筹划的重要问题。本书的研究结论显示了税务激进行为成本与财务激进报告成本的关系。此外，国内学者对于公司税务激进行为研究较少，实证方面的分析更加匮乏，本书分析了税务激进行为与会计信息质量的关系，既丰富了研究内容，同时也与管理层股权激励的宗旨联系在一起，与公司财务管理的目标统一起来。

---

① Shackelford D., Shevlin T., Empirical tax research in accounting [J]. Journal of Accounting & Economics. 2001 (31): 321 - 387.

② Cloyd B. The effects of financial accounting conformity on recommendations of tax preparers [J]. Journal of the American Taxation Association. 1995. 17 (2): 50 - 70.

③ Mills L. Book - tax differences and Internal Revenue service adjustments [J]. Journal of Accounting Research. 1998. 36 (2): 343 - 356.

④ Badertscher B., Phillips J., Pincus M., Rego S., Earnings management strategies and the trade - off between tax benefits and detecti on risk: TO conform or not to conform? [J]. The Accounting Review. 2009 (84): 63 - 97.

⑤ Hanlon M., and G. Krishnan. Do auditors use information reflected in book - tax differences? Working paper, University of Michigan. 2006.

②探索不同因素对股权激励与会计信息质量关系的影响。很少有文献在研究股权激励与会计信息质量关系的时候考虑不同因素对两者关系的影响。在我国的上市公司中，国有控股公司占很大比例，所有权性质不同会影响公司决策模式，进而影响管理层决策行为。同时，管理层控制权、股权结构和董事会治理也是在研究股权激励效应过程中必须考虑的因素。本书从实证研究角度，对股权激励与会计信息质量的关系进行深入分析，并结合我国所有权性质、管理层控制权、股权结构、董事会治理因素，在研究过程中着重考察了这些因素对股权激励与会计信息质量关系的影响，涉及交互关系的研究领域，具有重要的理论意义。

（2）实践意义。

①有利于投资者理解财税差异。通过了解公司从事税务激进行为减少预期税收负担，反过来能够降低会计信息质量。具体地说，尽管税务激进行为似乎预期为公司节省税金，但同时会增加组织的复杂性，降低财务透明度，而且在某种程度上，这种复杂性不能充分与外部相关者沟通。财税差异直接关系资本市场有效性，涉及投资者利益保护。通过实证检验，公司进行税务激进行为，显示了重要的会计盈余质量信息，降低会计信息质量，为投资者的投资决策提供支持。

②扩展税务激进行为的影响因素。检验股权激励对管理层进行高风险的税务激进行为的影响。研究结果在于必须认识到股权激励对公司税务筹划的负面效应，更多的股权激励会促使管理层采取更高风险的税务策略。股权激励水平越高，管理层越倾向于采用激进的税务策略，因而增加了未来税务筹划结果的不确定性，进而影响会计信息的质量。分析股权激励与税务激进行为的关系，有助于企业根据自己的实际情况设计恰当的激励方案，也将为税务机关、审计部门的工作提供依据。

1.2 基本概念

1.2.1 股权激励

（1）股权激励的定义。根据中国证监会 2005 年 1 月 5 日公布的《上市公司股权激励实施办法（试行）》第三条的规定：股权激励就是指“上市公司以本公司股票为标的，对其董事、监事、高级管理人员及其他员工进行的长期性激励”。股权激励是以公司管理层以及员工为激励对象，以一定数量的股票为激励内容。公司通过对管理层以及员工进行激励，使得股东与激励对象利润共享，风险共担，从而避免了委托代理冲突，减少短期行为，最终达到股东利益最大化。股权激励尤其是对管理层激励，可以使管理层能够在经营管理过程中以股东的角度考虑决策，与股东共享收益、共担风险。一般说来，股东与管理层签署股权激励契约，管理层获得部分公司所有权，通过资本市场的交易，实现股权激励的权利与利益，促使管理层为股东利益最大化而努力。

（2）股权激励的方式。股权激励的方式主要有股票期权（Stock Option）、限制性股票（Restricted Stock）、业绩股票（Performance Share）、股票增值权（Stock Appreciation Rights）、延期支付（Deferred Compensation）等。

①股票期权。股票期权是上市公司给予激励对象的一种期权，表现在激励对象可在某一时间按照行权价格和行权条件，购买一定数量的公司股票。股票期权与一般期权的区别在于，股票期权不可以转让交易，只有在期权到期时，执行或者不执行期权。如果公司股票市价高于行权价格，激励对象可以通过行权价格与股票市价的差额实现收益；如果公司股票低于行权价格，激励对象可以放弃该权利。公司在进行股权激励时，如何确定行权价格是最关键的问题。

②限制性股票。限制性股票是指激励对象达到事先约定的条件时，才能获得一定数量的公司股票，股票流通时获得收益。限制性股票是附加限制条件的，在契约中明确相应的条件，例如服务期限、业绩指标禁售期限等。如果激励对象达到了契约条件，可以将股票售出获利；如果激励对象没有达到契约条件或者中途离职，公司可以将股票按照当初签订契约的价格收回。与股票期权具有相同特点，限制性股票在禁售期限内不允许交易，但可以获得相应的股息以及表决权。

③业绩股票。业绩股票是指激励对象达到股权激励契约约定的业绩目标时获得的股票。业绩股票也是有附加条件的，公司与激励对象事先约定业绩目标，在考核期结束时，如果激励对象完成了约定的业绩指标，将获得公司一定数量的股票；如果激励对象没有完成业绩指标将不会获得相应的股票。业绩股票实际上是一种长期激励方式，通常约定一段年限的考核期，连续考核几年的业绩指标以及股价的变动，以避免激励对象的短期行为。业绩股票激励方式的特点是上市公司仅考核业绩指标，适合关注经营业绩以及现金流量的公司，在

我国的公司中被广泛应用。

④股票增值权。股票增值权并不是实质上的股票，激励对象仅获得股价上升带来的收益，不能交易，也不具有表决权、所有权。激励对象通过业绩提升或者公司股价上升，具有获得收益的权利。股票增值权也是激励对象在未来可以获得收益的权利，具有长期激励的效应。如果行权价格低于股票市场价格，激励对象可以行使权利获利；如果行权价格高于股票市场价格，激励对象可以不行使权利。股票增值权实际是虚拟股票激励，并不具有股票的相应权利，也不能获得公司的股票。

⑤延期支付。延期支付是指公司将激励对象的部分收入折算成一定价值的股票发放给激励对象，递延期满后，激励对象获得的股票再以市场价格折算成现金收入。一般来说，公司进行激励计划时，或按照特定日期的股价折算激励对象的当期收入。激励对象通过努力使得公司股价上涨，考核期满后就可以获得股票差价的收益；如果考核期满后股价下跌，激励对象就会遭受损失。

（3）股权激励的特点。

①普及性。我国上市公司近年来实施股权激励计划的企业逐渐增多，同时股权激励的对象范围也在不断扩大，不仅包括管理层还包括核心技术人员、员工等，更多的员工持股纳入股权激励范围，使股东与员工之间形成事业共同体。

②周期性。股权激励方案的设计需要结合我国的经济环境、政策环境，以及资本市场的前景。切实可行并且能起到促进公司价值提高的股权激励方案要求的技术越来越高，设计时要综合考虑公司发展周期、经济周期、资本周期以及产业周期，最终才能促使激励对象努力实现目标。

③系统性。股权激励是人力资本激励的一种方式，人力资本激励系统是一个庞大的体系，不仅包括基本薪酬激励、绩效薪酬激励、分红以及股权激励等方式，还应包括社会地位激励、荣誉激励等精神层次激励。股权激励要结合激励系统，运用某种手段，体现整体思路，才能促进激励对象提高积极性。

④战略性。股权激励计划要体现公司整体战略，将公司文化、财务系统、人力资源等环节系统体现在股权激励方案中，在公司战略导向下，促使激励对象协同合作，最终共同实现企业价值最大化。

本书将股权激励界定为公司将股票或者股权性权益授予管理层等激励对象的一种激励行为。目的是通过激励对象获得公司股权或者股权性权益，促使其与所有者共同分享收益、共担风险，进而提高激励对象的工作积极性，采用最优决策以实现股东利益最大化，推动公司长久发展。

1.2.2　税务激进行为

激进，即急进，急于变革和进取。税务激进行为是指管理层采用激进的税务方式对应纳税所得额进行向下调整的行为（Cloyd，1995①；Frank 等，2009②；Chen 等，2010③；Lanis 和 Richardson，2011④）。国外的研究文献表明税务激进行为既包括合法、不违法的，还包括违法的税务筹划行为。税务激进行为作为企业管理决策，可以使企业达到税负最小，进而实现股东利益最大。税务激进行为可以为企业带来更多留存资源，会受到税务机关干预、公司所有权性质、管理层风险偏好等因素影响。如果公司拥有较少的现金持有量，会造成流动性风险，管理层为了避免流动性风险，往往会实施激进的税务行为，原因在于管理层通过税务激进行为可以减少向税务机关支付税额，从而增加流动性。管理层实施激进的税务行为会造成会计利润与应纳税所得额差异过大，即保证财务报告上的会计利润增加，而纳税申报表上的应纳税所得额减少。由此看来，管理层实施激进的税务行为会影响财务信息透明度。此外，企业的税务激进行为会影响社会公共资源的分配，造成社会资源损失（Slemrod，2004⑤）。

管理层实施税务激进行为需要额外的成本支出，因为税务激进行为会导致税负减少，要达到这个目的需要操纵账面利润，由此带来的支出与实施税务激进行为后会给公司带来一定数量的收益两者权衡，在成本效益对比之下，管理层会根据不同的情况采取不同的决策。如果公司具有良好的财务状况，那么管理层可能不会实施激进的税务行为以避免违规风险；如果公司具有较差的财务状况，同时其他经营决策不足以改变财务状况时，管理层可能会采取激进的税务行为。从某种程度上说，税务激进行为也可以属于盈余管理的内容，管理层

---

① Cloyd B. The effects of financial accounting conformity on recommendations of tax preparers [J]. Journal of the American Taxation Association. 1995. 17 (2): 50 – 70.

② Frank M., L. Lynch, and S. Rego. Tax reporting aggressiveness and its relation to aggressive financial reporting [J]. The Accounting Review. 2009. 84 (2): 467 – 496.

③ Chen S., X. Chen, Q. Cheng, and T. Shevlin. Are family firms more tax aggressive than non – family firms? [J] Journal of Financial Economics. 2010. 95 (1): 41 – 61.

④ Lanis R, and G. Richardson. The Effect of Board of Director Composition on Corporate Tax Aggressiveness [J]. Journal of Accounting and Public Policy. 2011. 30 (1): 50 – 70.

⑤ Slemrod, J., The Economics of Corporate Tax Selfishness [J]. National Tax Journal. 2004. 57 (4): 877 – 899.

权衡税务激进行为的边际收益和边际成本。所有权与经营权分离，使管理层在进行税务决策时发挥着至关重要的作用，管理层为追求自身利益最大化，实施激进的税务行为，给企业带来更多的收益。这种收益实际上不利于资源的优化配置，形成一种代理成本，产生代理冲突。而管理层实施激进的税务行为会造成所有者权益损失，为自己谋求更多利益，会引起管理层的机会主义行为。

需要指出的是，税务激进行为不同于税务筹划。两者在内涵、方式、范围上有所区别。税务筹划是纳税人依据所涉及的税境，在遵守税法、尊重税法的前提条件下，规避涉税风险，控制或减轻税负，以有利于实现企业财务目标的谋划、对策和安排。[①] 税务激进行为有别于税务筹划，两者比较如表 1.1 所示。

表 1.1 税务筹划与税务激进行为比较

区别	税务筹划	税务激进行为
主要手段	节税、避税、税负转嫁	避税、偷（逃）税
税收负担	采取不违法的手段对经济活动的方式进行安排，有意减轻或解除税收负担	采取不违法或违法的手段避免纳税义务
对税法的影响	纳税人十分清楚合法与非法的临界点，确保筹划行为不违法	纳税人可能突破法律临界点
经济行为	通过事先筹划使应税行为变成非应税行为	通过事先筹划使应税行为变成非应税行为或者对发生的应税行为进行否定

本书界定税务激进行为是降低税负的行为，而不强调其是否合法。在代理框架下，税务激进行为也是一种公司代理问题。

1.2.3 会计信息质量

（1）会计信息的含义。会计信息是在主观框架下形成的能够客观反映经济事项的媒介。我国公司披露的会计信息都是在我国会计准则概念框架下形成的。在会计法律法规尤其是会计准则指导下，会计人员对公司发生的交易事项进行确认、计量，然后记录在相应的凭证和账簿中，最后生成财务报告。会计

① 盖地．税务筹划学［M］．北京：中国人民大学出版社，2011：2.

信息是会计人员根据一定的规则生成的，会计程序充分体现了会计信息处理过程（吴联生，2003）[①]。在会计信息流动过程中，会计信息受到会计准则以及会计人员的影响。会计信息具有一定的使用价值，使得公司的相关利益者可以获知发生的经济业务。而会计人员正是在遵守会计法律法规的前提下，对经济业务进行处理的，最后披露会计信息（张捷，2000）[②]。会计信息是经过加工或者处理后的会计数据，是对会计数据的解释，是人们在经济活动过程中运用会计理论和方法，通过会计实践获得反映会计主体价值运动状况的经济信息。

（2）会计信息质量。

①会计信息质量的含义。会计信息作为会计人员对公司经济业务进行处理和分析的结果，存在着衡量质量的问题。高质量的会计信息能够在经济发展中发挥重要作用，影响投资者决策，更大发挥其经济功能；低质量的会计信息只会在经济发展中起消极作用，也不能发挥正向经济功能，甚至会扰乱市场，产生不良后果。高质量会计信息能够满足信息使用者决策需求。那么，衡量会计信息质量高低的标准是什么呢？评价会计信息质量的标准主要是是否真实可靠、相关、合规等。如果会计信息具备真实可靠、相关程度高、决策有用等就认为其质量高。判断会计信息质量的依据就是会计信息质量特征。葛家澍和刘峰（2003）[③] 认为，会计信息质量特征就是对会计信息应具有的质量标准所做的具体描述或要求，也是对会计信息质量进行评判最一般和最基本的依据，它具体规定了会计信息为实现会计目标应具备的质量规定。可靠性和相关性是评价会计信息质量的两个最基本特征。

②会计信息披露质量。目前，大多数实证研究集中在会计信息披露内容、分析会计信息的披露质量（Healy and Palepu，2001）[④] 上。相对于会计信息的确认和计量质量，会计信息披露质量的研究引起很多学术界和实务界的关注。尤其是信息不对称的情况愈加严重，提高会计信息披露质量能有效缓解信息不对称，进而降低代理成本，有利于企业融资。会计信息披露包括披露

---

① 吴联生．会计信息失真的“三分法”：理论框架与证据［J］．会计研究，2003（1）：25－30.

② 张捷．会计信息基本概念探析［J］．财经问题研究，2000（4）：52－54.

③ 葛家澍，刘峰．会计理论——关于财务会计概念结构的研究［M］．北京：中国财政经济出版社，2003. 136－141.

④ Healy，Paul M.，Krishna G. Palepu，Information asymmetry，corporate disclosure，and the capital markets：A review of the empirical disclosure literature［J］．Journal of Accounting and Economics . 2001（31）：405－440.

内容、时间、方式等，且都在会计准则中有所规定，同时有关监管部门也会对会计信息披露做出详细的规定。一般来讲，会计信息披露质量的高低与披露信息是否及时、详细、清晰有关。在实证研究中，关于会计信息披露质量的衡量有多种方法，可以直接将专业研究机构调查的信息披露排名作为衡量披露质量的衡量指标，例如标准·普尔的“透明度与披露排名”。此外，信息披露质量还可以使用报告分部与报告经营活动的比率、盈余管理质量等指标衡量。

本书界定会计信息质量是会计信息确认、计量以及披露质量的综合，并侧重于对会计信息披露质量的研究。

1.3 研究目标与研究方法

1.3.1 研究目标

本书的研究目标是通过分析股权激励的影响机制，从管理层角色定位层面，研究管理层的股权激励如何影响企业的税务激进行为，随着管理层股权激励的增强，高管人员是否愿意承担更大风险以进行税务激进行为以及财务激进行为，从而在检验管理层激进的税务行为如何影响会计信息质量的基础上，研究股权激励对两者关系的影响。

1.3.2 研究方法

（1）规范研究与实证研究相结合、以实证研究为主的研究方法。本书从代理理论层面、契约理论层面、激励理论层面、博弈理论层面和信号理论层面阐述股权激励效应的理论基础，从权衡税收成本与财务成本的关系为切入点，采用实证方法建立回归模型对股权激励与税务激进行为加以检验，从而进一步实证分析管理层股权激励、税务激进行为与会计信息质量的关系。

（2）系统研究方法。本书运用系统论的方法，将企业决策体系包括相关利益者作为一个系统，对管理层财税权衡、税收成本与非税成本权衡进行综合分析，从决策效果达到最优出发，研究财税差异问题。

（3）资料分析研究方法。本书系统查阅和分析有关股权激励、税务激进行为、会计信息质量研究领域相关的各种文献，并在总结前人研究成果上的基础上，分析发展趋势和研究不足，并提出本书的研究视角和概念模型。

1.4　研究内容与研究框架

1.4.1　研究内容与章节安排

本书在系统综述国内外相关研究成果的基础上，借鉴国际经验，结合我国股权激励的制度背景，运用委托代理理论、不完全契约理论、博弈理论、激励理论、信息不对称与信号传递理论等经济学理论，主要以实证研究方法对股权激励、税务激进行为与会计信息质量的关系进行研究。全书共分为7章。各章的主要内容如下：

第1章为导论。主要从理论与实践两方面阐述本书的选题背景，介绍了研究的理论意义和实践意义，论述了研究目标和研究方法，梳理研究内容和研究框架，提出本书的创新之处。

第2章为文献综述。从以下几个方面对国内外的研究进行综述，首先，对股权激励文献进行了综述，包括股权激励的方式、股权激励的影响因素和股权激励与避税的关系三个方面；其次，对税务激进行为研究进行综述，包括税收与非税成本权衡、税务激进行为的影响因素和税务激进行为的衡量指标三个方面；再次，对会计信息质量研究进行综述，包括会计信息的功能、会计信息质量的影响因素和会计信息质量的衡量指标三个方面；最后，对现有文献进行了述评。

第3章为股权激励、税务激进行为和会计信息质量的理论基础。首先，界定了委托代理理论、不完全契约理论、博弈理论、激励理论、信息不对称与信号传递理论等经济学理论基础；其次分析了美国、英国、德国等国外股权激励发展历程和我国股权激励的发展历程；最后，结合我国股权激励的制度背景，阐述了股权激励、税务激进行为和会计信息质量的影响机制。

第 4 章为股权激励与税务激进行为的实证检验。运用我国 A 股上市公司数据，实证检验股权激励与税务激进行为之间的关系。股权激励对我国上市公司的税务激进行为产生了显著的正影响，管理层股权激励水平越高，税务激进水平越高。考虑了所有权性质因素之后，发现所有权性质影响了股权激励与税务激进行为的关系，国有控股公司与非国有控股公司管理层股权激励与税务激进行为的关系存在差异。相对于国有控股公司，非国有控股公司对股权激励与税务激进行为的影响更显著。非国有控股公司实施股权激励相对国有控股公司会采取更多的税务激进行为。

第 5 章为股权激励与会计信息质量的实证检验。运用我国 A 股上市公司数据，实证检验了股权激励与会计信息质量的关系。股权激励对我国上市公司会计信息质量产生了显著的负影响，即管理层股权激励水平越高，会计信息质量越低。结合我国上市公司所有权性质、管理层控制权、股权结构以及董事会治理不同的特点，分析发现非国有控股公司实施股权激励比国有控股公司会计信息质量低；董事长和总经理两职合一公司实施股权激励比非两职合一公司会计信息质量低；随着第一大股东持股比例增加，制约股权激励对会计信息质量的负影响；独立董事比例增加，制约股权激励对会计信息质量的负影响。

第 6 章为税务激进行为经济后果的实证检验。运用我国 A 股上市公司数据，实证检验了实施股权激励对税务激进行为与会计信息质量关系的影响，发现：公司税务激进行为水平越高，会计信息质量越低；股权激励会使税务激进行为与会计信息质量之间的负相关关系更显著。

第 7 章为研究结论与展望。首先，总结全书的主要结论；其次，结合实际提出了政策建议，包括完善股权激励确定机制、健全股权激励监督体系、合理规划税务安排和规范信息披露内容等；最后，指出本书的局限性和未来的研究方向。

1.4.2 本书研究框架（见图1.2）

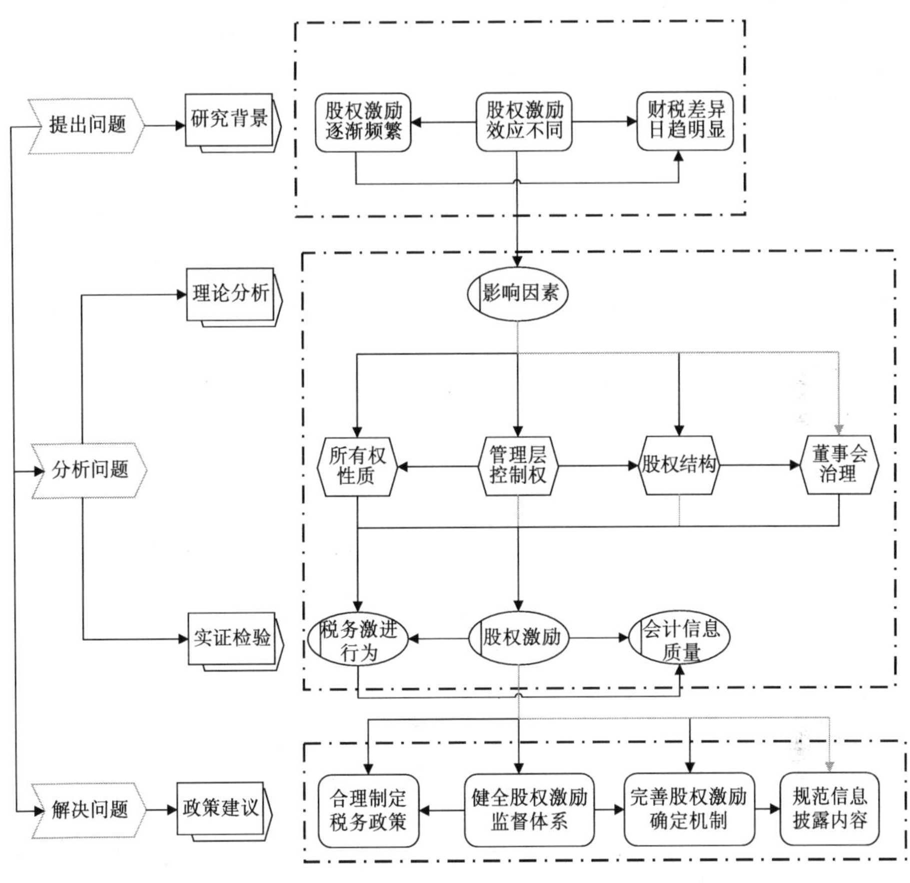

图1.2 本书研究框架

1.5 创新之处

本书的创新之处包括：

第一，扩展股权激励对税务激进行为的影响。2010年，美国国内收入局完成了UTP（Uncertain Tax Position，所得税不确定状况）表并发布了相关指南，要求某些公司在所得税申报表中提供 UTP 表①。由于美国国内收入局颁布的指南突然高度关注税务风险，投资者、董事会和薪酬委员会需要更全面地理解为什么某些公司比其他公司进行更激进的税务行为。之前的文献大多研究薪酬激励是否促使管理层进行高风险的投资，鲜有涉及薪酬激励对税务激进行为的影响。本书研究股权激励是否促使管理层进行税务激进行为，扩展了先前的结论，同时也加深了对企业是否和如何进行税务激进行为、股权激励以及公司治理互动的理解。

第二，探索税务激进行为和盈余管理之间的关系。会计利润和应税所得差异可以给市场参与者提供信息，如应税所得与会计利润的比率有利于预测盈利增长，以及财税差异极大可以显示应计项目持续的信号。此外，当管理层增加了会计和应税所得之间的差异时，应计项目可以提供有关限制未来现金流的信息。但是，这些文献没有研究激进的税务行为如何改变公司的信息环境。本书以通过激进的税务行为增加财务和组织复杂性方式为视角，增加投资者对未来盈利能力的不确定性以及投资者之间的信息不对称。同时，表明更低的财务透明度作为激进的税务行为的一个潜在和重要成本，更能解释为什么一些公司似乎比起最优税务筹划更愿意采用相对保守的税务筹划。说明如果一个特定的公司显示激进的税务报告，那么该公司可能也在从事激进的财务策略。此外，本书提出了税务激进行为的量化指标，这些量化指标将有助于研究税务激进度和企业战略之间关系。

第三，检验股权激励对税务和财务激进行为影响程度。在某种程度上，会计准则和税收法规之间的差异允许公司进行税务筹划，税务机关需要支出额外成本以防止税收收入损失。会计准则与税收法规之间的差异也促使公司进行税务激进行为的同时进行盈余管理。本书的研究揭示了股权激励影响财税协调的真谛。特别是，更多的财税协调性可能会减少公司与会计利润和应税所得两者之间的“数字游戏”。本书的研究表明股权激励影响税务激进度与会计信息质量的关系，检验股权激励对税务激进行为和会计信息质量的影响机制，在会计研究中是相对新的领域，有助于投资者对收益质量和税务激进度的估计，进而做投资决策。

① 如某公司或其关联方在经审计的财务报表中记录了一项资产准备金，则 UTP 表要求该公司报告相应的所得税负债。

第 2 章
文献综述

2.1　股权激励的研究

2.1.1　股权激励的方式

关于股权激励方式的研究主要集中在股票期权和限制性股票两个方面。Jensen 和 Meckling（1976）最早应用了委托代理理论分析股权激励的方式。Holmstrom（1979）[①] 研究在委托代理模型框架下分析最优激励契约的方式。John 和 Wayne（1999）[②] 研究股票契约与期权契约具有不同的效用。Feltham 和 Wu（2001）[③] 在管理层努力达到最优的条件下，利用期望效用函数构建模型，将两种管理层的激励方式产生的效用进行比较。结果显示，如果满足管理层活动只对产出均值产生影响的条件，则对管理层激励限制性股票产生的效用优于对管理层激励股票期权产生的效用，即限制性股票更能激励管理层努力达到最优；如果满足管理层活动同时对产出均值以及产出方差产生影响的条件，则对

① Holmstrom B. , Moral Hazard and Observability [J]. The Bell Journal of Economics. 1979. 10（1）：74－91. .

② John Core and Wayne Guary. The Use of Equity Grants to Manage Optimal Equity Incective Levels [J]. Journal of Accounting and Economics. 1999（28）：151－184.

③ Fdtham, G. A. and M. Wu, Incentive Efficiency of Stock versus Options [J]. Review of Accounting Studies. 2001. 6（1）：7－28.

管理层激励股票期权产生的效用优于对管理层激励限制性股票产生的效用，即股票期权更能激励管理层努力达到最优，限制性股票失去了优势。Richard 和 David（2004）① 对 Feltham 和 Wu（2011）的研究结论进行了修订，原因在于管理层期望效用函数不是努力程度的凹函数，并提出了不同结论。在两种管理层激励方式即限制性股票与股票期权的基础上将两者的组合也加入了模型，分析了不同的激励方式对同一种努力程度的效用，激励成本与执行价格成反比，限制性股票可以看作是股票期权执行价格为零的方式，因而限制性股票比股票期权激励成本高，最终结论是股票期权更能激励管理层努力达到最优。Bryan 等（2000）② 通过实证检验得出结论，即股票期权激励方式比限制性股票等其他激励方式更有利于首席执行官（CEO）对于高风险项目的投资以获得更高的收益。即便是风险规避的经理人也会在股权激励的促使下努力寻找投资机会。因此，不同的公司选择股权激励的方式也会有所差异，具有较高边际所得税率的公司往往不会选择股票期权作为 CEO 的激励方式。Hall 和 Murphy（2002）③ 通过建立对比组对 500 家公司进行分析，研究发现在现有的薪酬支付不变条件下选择股票期权进行激励，发挥的促进效用最大。Murphy（2003）④ 研究了不同的行业选用股权激励的方式也会不同，结论表明在成长性较高的行业中，更愿意采用股票期权的激励方式。Sanders 和 Hambrick（2007）⑤ 分析了股票期权激励方式可以使激励对象获得公司投资收益，却没有承担产生的投资损失的主要责任，因此被授予股票期权的管理人员更愿意冒风险投资收益性较高的项目。

我国学者在股权分置改革之前的研究成果主要有：陈清泰和吴敬琏（2001）⑥ 分析了美国股票期权，结合我国上市公司以及非上市创业企业的股

① Lambert, Richard A., Larcker, David F. Lacker. Stock Options, Restricted Stock, and Incentives. Working Paper. 2004..

② Stephen Bryan, Lee Seok Hwang, Steven Lilien. CEO stock – based compensation: An Empirical Analysis of Incentive – intensity, Relative Mix, and Economic Determinants [J]. Journal of Business. 2000. 73 (4): 661 – 93.

③ B. J. Hall, and K. J. Murphy. Stock Options for Undiversified Executives [J]. Journal of Accounting and Economics. 2002. 33 (1): 3 – 42.

④ K. J. Murphy. Stock – Based Pay in New Economy Firms [J]. Journal of Accounting and Economics. 2003 (34): 129 – 147.

⑤ Sanders W M. and Hambrick D C. Swinging for the Fences: The Efects of CEO Stock Options on Company risk taking and performance [J]. Academy of Management Journal. 2007. 50 (5): 1055 – 1078.

⑥ 陈清泰，吴敬琏．股票期权激励制度法规政策研究报告［M］．北京：中国财政经济出版社，2001 年：154 – 171.

权激励方式，针对股票期权与公司治理、税收制度等方面进行了研究。孙晓芳、顾少波和黄欣（2002）① 分析了股票期权、员工持股计划和管理层持股的区别，并从理论上进行了比较分析。我国学者在股权分置改革之后的研究成果主要有：李曜（2008）② 将股票期权与限制性股票从多个方面进行对比，并且对两种激励方式的市场反应进行对比。刘浩和孙铮（2009）③ 站在激励能力、会计处理、税收和现金流节约的角度对股票期权与限制性股票进行比较分析。肖淑芳和张超（2009）④ 研究表明公司实施股票期权对管理人员进行激励的，管理人员会通过提高送转股水平使得行权价格降低，从而获取收益。肖淑芳、刘颖和刘洋（2013）⑤ 研究发现股票期权激励方式容易使管理层进行盈余管理，通过操纵行权指标获取收益。黄虹、张鸣和柳琳（2014）⑥ 结合案例分析了限制性股票激励方式的市场效应以及业绩体现。

2.1.2 股权激励的影响因素

国外学者对股权激励影响因素的研究主要有两大类，一类是股权结构，另一类是董事会。关于股权结构的研究：Mehran（1995）⑦ 研究了大股东与管理层股权激励的相关性，发现大股东持股比例越高，公司进行股权激励的比例越低，即大股东持股比例与公司进行股权激励计划负相关。原因在于大股东持股比例越高对公司的监督作用越强，从而抑制了公司对管理层进行股权激励。Bathala（1996）⑧ 研究表明 CEO 持股比例的影响因素包括债务融资结构、投资非分散化成本、自由现金流、盈余波动、企业规模。前四个影响因素与 CEO

---

① 孙晓芳，顾少波，黄欣．企业激励机制的创新——对三种股权激励模式选择的研究［J］．财经理论与实践，2002（4）：129－130.

② 李曜．股票期权与限制性股票股权激励方式的比较研究［J］．经济管理，2008（30）：23－24.

③ 刘浩，孙铮．西方股权激励契约结构研究综述——兼论对中国上市公司股权激励制度的启示［J］．经济管理，2009（4）：166－168.

④ 肖淑芳，张超．上市公司股权激励、行权价操纵与送转股［J］．管理科学，2009（6）：84－94.

⑤ 肖淑芳，刘颖，刘洋．股票期权实施中经理人盈余管理行为研究——行权业绩考核指标设置角度［J］．会计研究，2013（12）：40－46.

⑥ 黄虹、张鸣、柳琳，“回购＋动态考核”限制性股票激励契约模式研究——基于昆明制药股权激励方案的讨论［J］．会计研究，2014（2）：27－33.

⑦ Mehran，H，Executive Compensation Structure，Ownership，and Firm Performance［J］．Journal of Financial Economics. 1995（38）：163－184.

⑧ Bathala，C. T.，Determinants of Managerial Stock Ownership：the Case of CEOs［J］．The Financial Review. 1996（31）：127－147.

持股比例存在显著正相关关系，与企业规模负相关。Bamhart 和 Rosenstein (1998)[①] 进一步分析管理层持股比例的影响因素，包括外部董事所占比例、机构投资者持股比例，结论显示外部董事所占比例越高，管理层持股比例越低；机构投资者持股比例越高，管理层持股比例越低。原因在于这三者之间存在替代效应。Himmelberg、Hubhard 和 Palia (1999)[②] 随机选取 1982—1984 年 600 家公司为研究样本，对公司股权激励水平影响因素进行研究，结果表明公司对管理层进行股权激励的水平与广告收入和营业收益存在正相关关系，与企业规模、研究开发的投入水平、固定资产投资行为和公司非系统性风险存在负相关关系。Benz、Kucher 和 Stutzer (2001)[③] 研究股权集中度对管理层股权激励的影响，结果表明股权集中度与管理层股权激励（股票期权）负相关，尤其是外部大股东持股比例越高，管理层股权激励水平会显著降低。

关于董事会的研究：Mehran (1995)[④] 通过实证检验得出结论，外部董事比例与公司管理层股权激励水平负相关。较低的外部董事比例会促进公司实施管理层股权激励。Ghosh 和 Sirmans (2003)[⑤] 采用普通最小二乘法和两阶段最小二乘法分别进行实证检验，得出结论一致为外部董事比例与公司管理层股权激励水平负相关。较高的外部董事比例会抑制公司实施管理层股权激励；较低的外部董事比例会促进公司实施管理层股权激励。除此之外，Firth 等 (2006)[⑥] 对我国国有上市公司进行研究，发现由国务院国资委主管的国有上市公司管理层股权激励与公司业绩不相关；中央或地方直属控股的国有上市公司管理层股权激励与公司业绩有一定相关性。通过对比，民营上市公司的管理层股权激励与公司业绩、股东财富相关。Stephen H. Bryan、Robert C. Nash 和

① Bamhart, S. W. and S. Rosenstein, Board Composition, Managerial Ownership and Firm Performance: An Empirical Analysis [J]. The Financial Review. 1998 (33): 1 - 16.

② Himmelberg, C., Hubbard, G. and D. Palia, Understanding the Determinants of Managerial Ownership and the Link between Ownership and Performance [J]. Journal of Financial Economics. 1999 (53): 353 - 384.

③ Benz M and M. Kucher and A. Stutzer., Stock Option: The Managers Blessing: Institutional Restrictions and Executive Compensation. Working Paper. University of Zurich Institute for Empirical Research in Economics. 2001.

④ Mehran, H, Executive Compensation Structure, Ownership, and Firm Performance [J]. Journal of Financial Economics. 1995 (38): 163 - 184.

⑤ Ghosh C. and C. F. Sirmans, Board Independence, Ownership Structure and Performance: Evidence-from Real Estate Investment Trust [J]. Journal of Real Estate Finance Economics. 2003. 26 (2): 287 - 318.

⑥ Firth, M. P. Fung, and O. Rui, Corporate Performance and CEO Compensation in China [J]. Journal of Corporate Finance. 2006 (12): 693 - 714.

Ajay Patel (2006)① 从国际视角研究了 36 个国家的管理层薪酬激励方式，发现管理层薪酬结构与国家的制度、负债与权益代理成本有关，每个国家的制度不同、负债与权益代理成本不同或导致管理层薪酬结构不同，得出的启示是设计管理层薪酬激励要根据国情，具体问题具体分析，别国的先进经验只能借鉴而不能照搬。

我国学者关于股权激励影响的研究成果主要有：于东智和谷立日 (2001)② 选取 1999 年 A 股上市公司的截面数据，研究上市公司股权激励的影响因素以及上市公司实施股权激励后的效应，结果显示管理层股权激励与公司风险不显著相关，因此对管理层进行股权激励并不能起到显著激励效应。宋增基和张宗益 (2002)③ 以 129 家上海证券交易所上市公司为样本，对 1999 年截面数据进行回归分析，得出的结论为：管理层股权激励的影响因素包括非执行董事比例、法人股所占比重、公司成长性、企业规模、企业风险，表明非执行董事比例、法人股所占比重、公司成长性、企业规模对管理层股权激励有正向作用，相反企业风险对管理层股权激励有负向作用。谌新民和刘善敏 (2003)④选取 2001 年上市公司截面数据进行实证检验，结果表明上市公司进行股权激励计划受行业特征、资产规模、股权结构、区域等因素影响。周建波和孙菊生 (2003)⑤以 2001 年发布股权激励方案的上市公司为样本，对 34 家公司进行系统分析，结果表明：第一，上市公司选择股权激励的方式大部分是业绩股票，实行股权激励的上市公司，一般在实行股权激励之前的业绩都较高，存在选择性偏见；第二，股权激励模式不同对激励效果产生不同影响，具有较好激励效果的方式包括经管理层持股、年薪购买流通股和混合模式，相比具有较弱激励效果的方式包括业绩股票和股票增值权；第三，如果公司董事也作为股权激励对象，则大股东指派的董事比例是管理层增加的持股水平的影响因素，两者显著正相关。进一步分析公司董事长与总经理是否为同一人也会对公司股权激励

---

① Stephen H. Bryan, Robert C. Nash and Ajay Patel. The Structure of Executive Compensation: International Evidence from 1996 - 2004. working paper. 2006.

② 于东智，谷立日．上市公司管理层持股的激励效用及影响因素［J］．经济理论与经济管理，2001（9）：24 - 30.

③ 宋增基，张宗益．上市公司经理持股与公司绩效实证研究［J］．重庆大学学报，2002（8）：1 - 3.

④ 谌新民，刘善敏．上市公司经营者报酬结构性差异的实证研究［J］．经济研究，2003（8）：55 - 63.

⑤ 周建波，孙菊生．经营者股权激励的治理效应研究——来自中国上市公司的经验证据［J］．经济研究，2003（5）：74 - 82.

产生影响。公司董事长和总经理是同一人会促进管理层股权激励，增加管理层持股比例；公司董事长和总经理不是同一人会抑制管理层股权激励。周嘉南和黄登仕（2006）[①] 对2002—2004年上市公司管理层薪酬进行研究，通过实证检验得出结论：第一，管理层薪酬业绩敏感度与风险的负相关关系并不显著；第二，如果上市公司成长性小或不具有成长性，管理层薪酬业绩敏感度与风险有负相关关系；第三，如果上市公司成长性很大，管理层薪酬业绩敏感度与风险有正相关关系。夏纪军和张晏（2008）[②] 对2001—2005年上市公司进行研究，发现大股东控制权对公司股权激励有显著影响。通过实证检验表明大股东控制权与管理层股权激励存在显著冲突，尤其是股权性质、公司成长性会影响两者的冲突。国务院国资委直属的国有控制上市公司与管理层股权激励存在的冲突显著性最强，而民营上市公司与管理层股权激励存在的冲突显著性最弱。成长性越大的上市公司与管理层股权激励存在的冲突越强。陈震和张鸣（2008）[③] 研究了公司规模、成长性、业绩风险对管理层报酬敏感性的影响，结论显示：第一，公司规模和管理层报酬敏感性之间呈显著负相关；第二，公司成长性和管理层报酬敏感性之间呈负相关；第三，公司业绩风险和管理层报酬敏感性之间不相关。周仁俊和高开娟（2012）[④] 分析了大股东控制权与管理层股权激励的关系，并且进一步分析股权性质和成长性会影响大股东控制权与管理层股权激励的关系程度。结论表明，大股东控制权与管理层股权激励显著相关，并对股权性质不同的企业进行实证检验发现，国有控股上市公司大股东控制权对管理层股权激励监督效用最明显，大股东持股比例越高对管理层股权激励的影响越大；民营控股上市公司大股东控制权对管理层股权激励影响较弱，大股东持股比例越高对管理层股权激励的影响越小；非高新技术企业大股东控制权对管理层股权激励影响不显著。王烨、叶玲和盛明泉（2012）[⑤] 以2005—2011年公布实施股权激励的上市公司为研究对象，就管理层权利对公

---

① 周嘉南，黄登仕．上市公司高级管理层报酬业绩敏感度与风险之间关系的实证检验［J］．会计研究，2006（4）：44－50.

② 夏纪军，张晏．控制权与激励的冲突——兼对股权激励有效性的实证分析［J］．经济研究，2008（3）：87－98.

③ 陈震，张鸣．业绩指标、业绩风险与高管人员报酬的敏感性［J］．会计研究，2008（2）：47－54.

④ 周仁俊，高开娟．大股东控制权对股权激励效果的影响［J］．会计研究，2012（5）：50－58.

⑤ 王烨，叶玲，盛明泉．管理层权利、机会主义动机与股权激励计划设计［J］．会计研究，2012（10）：35－41.

司股权激励的影响进行实证检验，结果表明管理层权利与公司股权激励方案设计存在相关关系，管理层权利与股权激励方案中的行权价格负相关，管理层权力越大，会影响并使股权激励方案中行权价格越低，管理层可以在对股票期权行使权利时获得巨额收益。此外，进一步发现国有控股上市公司表现更为明显，国有控股上市公司比民营上市公司股权激励方案中的行权价格更低。

2.1.3　股权激励的发展历程

（1）国外股权激励的发展历程。

①美国股权激励的发展历程。美国开创了股权激励的先河。20 世纪初少部分美国公司开始向管理人员支付工资之外的奖金。20 世纪 20 年代，美国公司管理人员奖金的比例可以占总收入的 50%。[①] 20 世纪 50 年代，美国税法出台了对某些条件的股票期权享受税收优惠，股票期权开始得到推广。1950 年以后，很多公司都为了享受税收优惠而授予管理层税法规定的股票期权，符合规定的股票期权占总体的 97%。[②] 1972 年，美国会计准则委员会发布了第 25 号意见书，对于股票期权是否计入支出做出详细规定，对股票期权的发展起到了很大的促进作用。20 世纪 80 年代开始，几乎所有公司都采用股票期权激励，股票期权得到前所未有的发展。美国证券交易委员会对上市公司管理层基本工资与报酬总额进行调查，结果显示基本工资占报酬总额的比例逐年减少，如图 2.1 所示。1985 年，管理层基本工资占报酬总额的比例为 52%；1991 年，管理层基本工资占报酬总额的比例为 33%；2000 年，管理层基本工资占报酬总额的比例为 20%；2008 年，管理层基本工资占报酬总额的比例为 5%。与此同时，管理层长期激励报酬占报酬总额的比例却逐年上升，如图 2.1 所示。1985 年，管理层长期激励报酬占报酬总额 8%；1991 年，管理层长期激励报酬占报酬总额 36%；2000 年，管理层长期激励报酬占报酬总额 60%；2008 年，管理层长期激励报酬占报酬总额 62%。

---

① John C. Baker. Executive Salaries and Bonus Plans (1938), see Derek Bok, The Cost of Talent: How Executives and Professionals Are Paid and How It Affects America, N. Y.: Macmillan, Free Press. 1993: 33 - 40.

② Carola Frydman and Raven E. Saks. Historical Trends In Executive Compensation: 1936 - 2003. working paper. 2007.

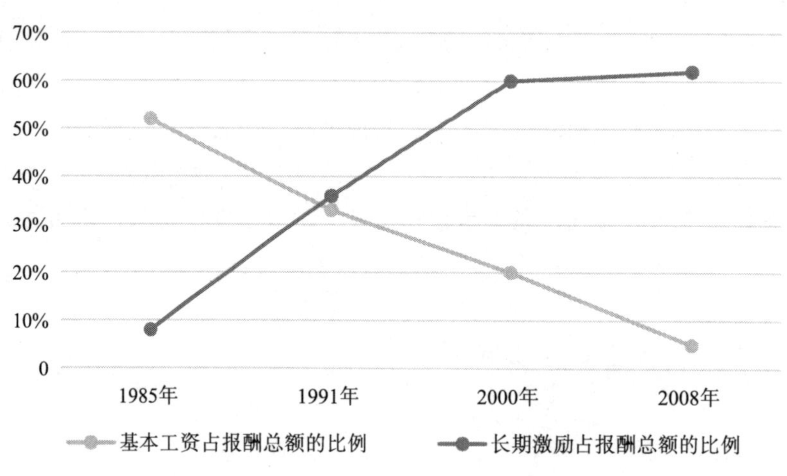

图 2.1 美国上市公司基本工资与长期激励总额

美国上市公司自 20 世纪 80 年代开始，长期激励尤其是股权激励得到了飞速发展。在股权激励的方式中，股票期权使用比例最高也最为重要。Hall 和 Liebman（1998）[①]统计分析了 20 世纪 90 年代美国公司的管理层长期激励报酬占薪酬总额的比例一直处于 20% －30%，选取美国 1989—1997 年 200 家上市公司作为样本统计管理层股票期权的数量变化，数据显示管理层获得的股票期权占公司股票总数的比例持续上升，从 1989 年的 6.9% 上升为 1997 年的 13.2%。此外，管理层获得的股票期权报酬总额也增长迅速，1980 年管理层获得的股票期权报酬平均为 15.5 万美元，1994 年平均为 120 万美元，1994 年股票期权报酬是 1980 年的 7.7 倍，增长了近 674%。2001 年，美国爆发的财务丑闻，引起了对上市公司股权激励的质疑，造成了很多大公司没有继续采用股票期权对管理层进行激励，例如微软公司、花旗银行等。2001 年之后，美国上市公司对管理层股票期权激励陷入了低迷状态，也没有再继续发挥激励效应。但同时也存在一些大公司仍坚信股权激励对于管理层的促进效用，使其发挥积极性，例如雅虎公司、英特尔公司等。2003 年，雅虎公司授予 CEO3050 万美元股票期权，用来激励 CEO 成功的经营公司。英特尔公司 CEO 也获得 200 万美元股票期权。2001 年之后，美国上市公司股票期权虽然没有之前的增长速度快，但也保持一个相对稳定的增长状态。王涛和陈雯（2009）[②] 剖析了

① Hall, Liebman. Are CEOs really paid like bureaucrats? [J]. Quarterly Journal of Economics. 1998: 653－691.

② 王涛，陈雯．我们离美国还有多远——中美上市公司高管薪酬对比研究 [J]. 人力资源，2009 (6)：27－31.

2007 年美国上市公司高管薪酬结构，高管薪酬中基本工资占 11%、年度奖金占 4%、非股票激励计划占 19%、期权占 11%、股票占 30%、福利计划等占 13%，如图 2.2 所示。根据以上数据，股权激励方式包括股票、期权等，并已经成为美国上市公司管理层薪酬重要的组成部分。可以说，股票期权计划等股权激励工具已经成为美国公司中高管人员薪酬组合的重要组成部分。

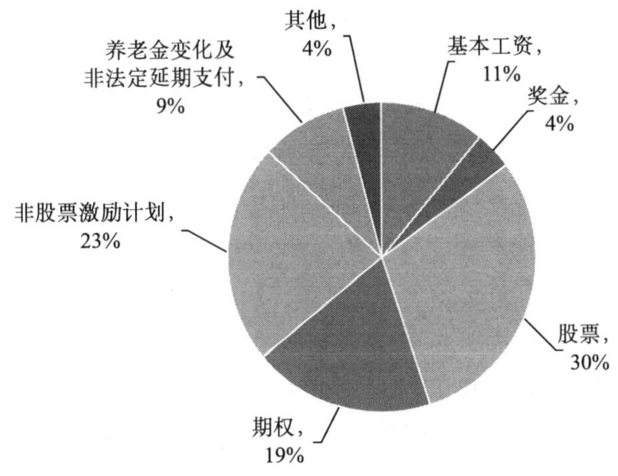

图 2.2　美国上市公司高管薪酬结构

②英国股权激励的发展历程。英国是典型的判例法国家，税法对于股权激励的发展至关重要。20 世纪 50 年代，英国法院 Weight v. Salmon 案例[①]将股票期权引入英国。1966 年开始，英国纠正了以前案例的做法，规定股票期权行权收益作为应税所得。这样一来，英国在税法上对股权激励的规定非常严格，对员工持股并不鼓励，不利于股权激励的发展，导致 20 世纪 70 年代英国的股票期权激励一直处于低潮。Conyon 和 Murphy（2000）[②] 统计分析英国公司采用股票期权激励管理人员的只有 10%。20 世纪 70 年代末 80 年代初，英国政府对股票期权的态度有所转变，陆续出台了一些制度或税收优惠。1980 年，发布了"收入储蓄股票期权计划"，随后 1984 年发布了"管理层股票期权计划"，促进了英国股权激励的发展。1988 年，税法对于收入的所得税率和资本

① 英国法院对 Weight v. Salmon 案例确认的原则为员工因雇佣关系获得的公司股票，取得该股票的价格与当时的市场价格之间的差额作为应税所得，这就意味着如果股票期权规定的行权价格不低于该股票的市场价格，则股票期权的税负会非常低.

② M. Conyon and K. Murphy. The Prince and the Pauper：CEO Pay in the United States and in the United Kingdom [J]. The Economic Journal. 2000 (110)：640 - 671.

利得的所得税率重新做了规定。20世纪80年代，英国股票期权激励得到飞速发展，激励计划也由管理层广泛扩展到普遍员工。20世纪90年代，英国政府对于股票期权的态度发生改变，针对股票期权致使管理层薪酬大幅提高引起质疑的问题，英国政府推出两种全新的股权激励计划，倡导长期激励。刘园和李志群（2002）[①] 分析1993—1997年英国公司管理层股票期权薪酬增长了约140%，股票期权获得的收益占薪酬总额的比例越来越高，1993年管理层股票期权获得的收益占薪酬总额的46%，1997年增长到62%。1995年，Richard Greenbury分析报告提出“限定条件股权激励计划”，公司事先确定管理层达到的业绩，完成之后给予一定的奖励。随后，英国的长期激励计划得到广泛推广。Short和Keasey（1999）[②] 研究了英国上市公司实施股权激励计划与经营业绩之间的关系，如果管理层持股数量低于总数量的12%，则管理层持股与经营业绩存在正相关关系，管理层会追逐利益提高积极性；如果管理层持股数量占总数量的12%—41%，则管理层持股与经营业绩存在负相关关系；如果管理层持股数量高于总数量的41%，则管理层持股与经营业绩存在正相关关系。原因在于，英国上市公司的机构投资者持股数量相对较多，以致促进了对公司管理层的监督。2000年之后，股权激励在英国一直平稳发展。2003年，英国200强公司CEO获得的股票期权平均为19万英镑。[③]

③德国股权激励的发展历程。20世纪70年代，德国出现了雇员可以购买股票，但是限制条件严格，包括购买数额股、持股时间等，股权激励由此开始。20世纪90年代，德国公司普遍运用管理层股权激励实现公司业绩和股东权益的提高。德国最初实施的股权激励计划是采用可转换债券规避股份公司法对股份发行的限制。1998年，德国修订了股份公司法，发布了公司监管与透明准则，明确员工持股的相关规定，股权激励得以在德国迅速发展。但与美国、英国等国家相比，德国公司对管理层实施股权激励并不热衷，即便实施激励也是以现金为主。管理层获得的股票期权收益占薪酬总额的比例并不主要，只有少数大公司实施股票期权。例如，德意志银行确定全球持股计划，规定工作年限在一年以上的员工可以持有一定数量股票或股票期权，普遍提高了员工的积极性。2000—2001年，德国大型公司，管理层平均收入为45万美元，基

① 刘园，李志群．股票期权制度分析［M］．北京：对外经济贸易大学出版社，2002.

② Short. H and K. Keasey. Managerial Ownership and the Performance of Firms Evidence from the UK［J］. Journal of Corporate Finance. 1999（5）：79－101.

③ Conyon. M. J and Sadler. G. V. How Does US and UK CEO Pay Measure up? Working paper. 2005.

本工资占 52%。[①] 欧洲公司治理协会对德国 30 家公司[②]进行统计，全部采用了业绩相关的奖金，其中 17 家公司采用股票期权激励，7 家公司采用股票增值权激励同时采用长期奖金计划。[③]

（2）我国股权激励的发展历程。截至目前，我国股权激励的发展分为三个阶段六个时期，包括准备阶段（准备期）、探索阶段（试点期、规范期、推广期）、发展阶段（发展期、完善期）。

①准备阶段（1990—2004 年）。1990 年，我国上海证券交易所、深圳证券交易所开始营业，标志着资本市场初步建立，为我国管理层股权激励的开始实施奠定了基础。1992 年，原国家体改委发布了《股份有限公司规范意见》，规定了"内部员工股"的发行要求。"内部员工股"标志着我国早期股权激励的开始。内部员工股是股份有限公司发行的，只能由内部员工认购的股票，并且股票由公司的工会集中管理。由于监管部门难以对内部员工股进行监督，相关部门于 1994 年禁止公司发行内部员工股，同年《国家体改委、国务院证券委关于社会募集股份有限公司向职工配售股份的补充规定》（体改生〔1994〕15 号）出台，对之前内部职工股出现的问题进行了整改，详细规定了公司职工股。公司职工股与内部员工股有所不同，可在股票上市 6 个月后流通，而且也可以由职工本人持有。但是 1998 年公司职工股也被中国证监会取消。尽管如此，我国从法律层面上还是允许公司管理层持有公司股份的，很多公司都开始尝试对管理层的股权激励。1993 年，深圳万科公司发布了《职员股份计划规范》，但是在第一个阶段就停止执行了。其后，1996 年武汉市国有资产管理公司对下属企业的管理层薪酬进行改革，将基本工资薪酬扩展为工资、风险收益和业绩收益三个部分。薪酬与业绩相关对管理层的工作产生了积极效应。1998 年，武汉市国有资产管理公司又引入了期股作为管理层报酬的一部分，以改进当期业绩相关报酬存在滞后性的缺点，管理层持有的期股在未来一段时间分期返还。武汉市国有资产管理公司的激励对象仅限于下属公司的"一把手"，没有扩展到管理层或员工，因此不是真正意义的股权激励。1998 年，上海市委组织部、上海市国有资产管理办公室、上海市财政局等单位拟定《关于对本市国有企业经营者实施期股激励的若干意

---

① Trevor Buck, Azura Shahrim and Stefan Winter. Executive Stock Options in Germany: The Diffusion or Translation of US - style Corporate Governance ? [J]. Journal of Management and Governance. 2004. 8 (173): 174.

② 2002 年，名列 FTSE 欧洲股票指数的 30 家德国公司.

③ Guido Ferrarini. Niamh Moloney and Cristina Vespro. Executive Remuneration in the EU: Comparative Law and Practice . Working paper. 2003.

见（试行）》，对期股激励的类型、对象、方式等进行了规定，强调了业绩指标完成的重要性。但是上海市企业的激励水平比较低，很难发挥激励的作用。1999年，原北京市体改委等8个部门发布《关于对国有企业经营者实施期股激励试点的指导意见》，明确了经营者持股，建立了经营者与公司共担风险、共享收益的激励模式。但是经营者持有期股的激励模式，没有规定经营者对于期股的选择权，而且期股变现也至少需要长达5年的时间，对经营着的激励效应并不明显，反而需要承担较高的风险。2001年，随着我国加入世界贸易组织（WTO），金融、资本市场走向全面开放，出台了一系列关于资本市场的规章制度，本阶段虽然尚未形成真正的管理层股权激励模式，但是经济、市场等环境的健康发展已经为股权激励的创立奠定了良好的基础。

②探索阶段（2005—2009年）。我国管理层股权激励的探索阶段分为三个时期，包括试点期、规范期和推广期。

第一，试点期（2005—2006年）。2005年，我国进行股权分置改革，企业也可以拥有库存股，制度发生了重大的变化。《中华人民共和国公司法》和《中华人民共和国证券法》也进行较大修改，鼓励创新，拓宽企业融资渠道，从法律层面上为资本市场健康发展打下基础。随着股权分置改革的开展，证券监管部门也同步出台了一系列配套措施，规范上市公司治理结构、股权结构等。2006年，中国证监会出台了《上市公司股权激励管理办法（试行）》，对管理层股权激励做了详细规定，标志着我国管理层股权激励正式开始实行。2006年，国务院国资委和财政部发布了《国有控股上市公司（境内）实施股权激励试行办法》，针对国有控股上市公司的特点、实施步骤和范围做出了详细规定，有关国有控股上市公司股权激励有了相关依据，一些公司也相继推出了股权激励方案。2006年5月，中捷股份成为第一家对管理层实施股票期权激励的上市公司。2006年，实施股权激励的上市公司一共有44家，占全部上市公司的3.14%。①。

第二，规范期（2007—2008年）。2007年，中国证监会下发《关于开展加强上市公司治理专项活动有关事项的通知》，该活动规范了公司治理体系，提高了内部独立性。随后，同年中国证监会发布《公司债券发行试点办法》规范了债券市场的运行，标志债券市场正式启动。2007年11月，国务院国资委、财政部联合中央企业下发《关于国有控股上市公司规范实施股权激励有

① 相关原始数据来自和讯网以及和君咨询股权激励中心年度报告.

关问题的通知（征求意见稿）》，对国有控股上市公司股权激励的规定进一步细化，提出股权激励与业绩相关的原则以及完成业绩获得股权收益的内容，该通知为非国有控股公司实施股权激励提供了参考。2007 年上市公司推出股权激励方案的数量比 2006 年减少，但是在一系列严格的规定之下，15 家上市公司公司提出的股权激励方案质量比 2006 年显著提高。2008 年，中国证监会陆续发布《股权激励有关事项备忘录》第 1 号至第 3 号，明确了股权激励对象、行权指标、股权激励与重大事件间隔期、会计处理方法等。同年，国务院国资委、财政部下发了《关于规范国有控股上市公司实施股权激励有关问题的通知》，明确了股权激励实施条件、业绩考核、收益水平等，进一步规范了股权激励的操作。2008 年，共有 68 家上市公司公布了股权激励计划，占上市公司总数的 4%，相当于 2007 年公布方案数量的 4.5 倍左右。

第三，推广期（2009 年）。2009 年，财政部、国家税务总局陆续出台《关于股票增值权所得和限制性股票所得征收个人所得税有关问题的通知》和《关于上市公司高管人员股票期权所得缴纳个人所得税有关问题的通知》等政策，完善和细化了股权激励的操作。随着相关部门出台股权激励政策的完备，监管部门对上市公司股权激励计划的监管更为严格。上市公司在实施股权激励计划时要充分考虑配套法规、精准解读政策。2009 年，公布股权激励方案的上市公司共有 19 家，仅比 2007 年多 4 家，比 2008 年少 49 家。从公布的方案内容方面分析，规范性增强，质量明显提高。

③发展阶段（2010 年至今）。我国管理层股权激励的发展阶段分为两个时期，包括发展期和完善期。

第一，发展期（2010—2012 年）。2010 年，国务院国资委发布了《关于在部分中央企业开展分红权激励试点工作的通知》，对股权激励的发展进行积极探索和政策支持。我国股权激励实施已经初见规模，在设计股权激励方案上质量实现了飞跃，上市公司实施数量也比以前年度增长迅速。2010 年，共有 66 家上市公司实施了股权激励方案，为自 2006 年以来最多的一年，是 2009 年实施股权激励方案上市公司的 3.5 倍。2011 年，相关部门出台了有关股权激励的法规，包括《国家税务总局关于个人所得税有关问题的公告》《中关村国家自主创新示范区企业股权和分红激励实施办法》《天津滨海高新技术产业开发区股权激励先行先试工作暂行办法》等，针对股权激励的税收、方案审核、费用等做出了进一步的规定。股权激励在政策的支持下，逐渐由上市公司向科技型企业发展。2011 年，实施股权激励的上市公司数量达到了 114 家，是

2010 年的 1.72 倍。2012 年，中国证监会发布《上市公司员工持股计划管理暂行办法（征求意见稿）》强化员工持股的信息披露，防止利用员工持股计划进行内幕交易和利益输送。2012 年，上市公司股权激励在资本市场全面发展，数量再创新高，实施主体在创业板和中小板，实施股权激励方案的上市公司达到 118 家，占已公布激励方案公司总数的 26.58%。上市公司实施股权激励方案，以中长期与股东价值相关的持续激励吸引人才，激发工作积极性，同时方案的持续性也抑制了管理层的短期行为。但是，我国与欧美国家完善的股权激励体系比较，激励程度有待进一步提高。在美国和加拿大，实施股权激励方案的上市公司达到 95% 以上，欧洲国家的上市公司达到 80% 以上，我国 A 股上市公司的比例不到 20%，仍有很大发展空间。①

第二，完善期（2013 年至今）。2013 年，153 家上市公司公布股权激励方案，2013 年度比 2012 年度增长 30%，从企业性质来看，国企实施股权激励的只有 14 家，而民企实施股权激励的有 139 家，占比为 91%。随着国企改革进一步推进，股权激励方面也将出台新政，破除体制机制障碍，届时国企实行股权激励数目将会有明显增长。2014 年 6 月，中国证监会制定了《关于上市公司实施员工持股计划试点的指导意见》。2016 年 8 月 13 日，中国证监会发布《上市公司股权激励管理办法》。2018 年 1 月 15 日，中国证监会发布《关于修权〈上市公司股权激励管理办法〉的决定》，自 2018 年 9 月 15 日起施行，标志着我国股权激励政策的完善。

2.2 股权激励影响税务激进行为的研究

2.2.1 税收与非税成本权衡

Scholes 和 Wolfson（1990）②提出管理层要面临财务报告和税务筹划之间的权衡。管理层通常希望向投资者报告高水平的盈利，同时也希望向税务机关报

---

① 资料来源：2012 中国股权激励年度报告。

② Scholes, M., P. Wilson, and M. Wolfson. Tax planning, regulatory capital planning, and financial reporting strategy for commercial banks [J]. Review of Financial Studies. 1990. 3 (4): 625-650.

告低水平的收入。许多国家税收法规与财务报告准则存在差异，允许公司向税务机关和投资者提供不同收入水平的报告。当然，较低会计利润的成本只是许多潜在的直接和间接税务筹划成本之一。税务筹划直接成本包括人力、信息系统、经济单元之间的协调，预期审计成本，以及税务筹划的策略不合法而产生的预计处罚；间接成本包括在管理层和股东之间潜在的代理冲突，以及公司过于激进的税务行为的声誉成本。Karthik Balakrishnan 等（2012）[①] 研究了一项间接成本，即税务筹划对财务报告透明度的影响。Bushman、Chen、Engel 和 Smith（2004）[②]注意到组织复杂性可以反过来阻碍投资者理解公司的业务。复杂性可以通过多个渠道影响透明度。税务筹划相关的复杂性对财务会计质量的影响，是通过税务筹划对权责发生制过程的影响而产生的。例如，考虑到许多筹划机会需要将不同的交易活动分拆到单独的法律结构（如符合税收抵扣的收入、符合本国制造商抵扣的经济活动）。经济业务的分离可以产生更多的会计核算，增加财务复杂性，进而使财务信息质量下降。即使没有财务会计事项，税务筹划对运营和财务决策的影响也可以使公司信息更不透明。因此，管理层很难向投资者披露具体税务筹划细节，以减少信息不确定性和与投资者之间的信息不对称。Hackelford 和 Shevlin（2001）[③]进一步研究税务筹划交叉变量的机制。如果企业采用激进的税务行为会降低企业财务的透明度，那么通过企业财务透明度的变化会预期观察不同企业采用激进税务行为的变化。Armstrong、Blouin 和 Larcker（2010）[④]研究表明，一些公司没有进行激进的税务筹划的原因并非没有考虑巨大的潜在利益和相对较小的源于审计的潜在成本、利息和罚金，而其重要原因在于考虑了企业透明度的相关成本。

会计与税收报告差异被广泛地用于研究公司的收益质量（Lev 和 Nissim，2004[⑤]；Hanlon，2005[⑥]）和应税收益是否包含税收因素的信息增量（ Hanlon、

---

① Karthik Balakrishnan, Jennifer L. Blouin and Wayne R. Guay. Does Tax Aggressiveness Reduce Corporate Transparency? Working paper, 2012.

② Bushman, R. , Chen, Q. , Engel, E. , Smith, A. , Financial accounting information, organizational complexity and corporate governance systems [J]. Journal of Accounting & Economics. 2004 (37): 167 - 201.

③ Shackelford, D. , Shevlin, T. , Empirical tax research in accounting [J]. Journal of Accounting & Economics. 2001 (31): 321 - 387.

④ Armstrong, C. S. , J. L. Blouin, and D. F. Larcker. The incentives for tax planning. Working paper. 2010.

⑤ Lev, B. , Nissim, D. , Tax income, future earnings and equity values [J]. The Accounting Review. 2004 (74): 1039 - 1074.

⑥ Hanlon, M. , The persistence and pricing of earnings, accruals, and cash flows when firms have large book - tax difference [J]. The Accounting Review. 2005 (80): 137 - 166.

Laplante 和 Shevlin，2005[①]；Hanlon、Maydew 和 Shevlin，2008[②]）。Comprix 等（2010）[③]指出巨大的财税差异与较少的持续收入和应计项目质量下降相关。同样，Dhaliwal 等（2008）检验巨大的财税差异是否与更高的权益资本成本相关。现有的财税差异文献表明财税差异有利于资本市场信息，原因在于它们可以凸显盈余管理行为，并非包含关于税务筹划的信息。

2.2.2 税务激进行为的影响因素

之前的研究识别了许多公司特征作为有效税率（ETRs，衡量税务激进行为的指标之一）和其他税务激进行为衡量指标的影响因素。几项研究检验了有效税率和企业规模之间的关系并且得出了不同的结论，原因在于这几项研究用不同的衡量指标测度有效税率，以及它们的分析期间和模型设定均不同（Zimmerman，1983[④]；Rego，2003[⑤]）。Gupta 和 Newberry（1997）[⑥]研究表明，较低的有效税率与较低盈利能力相关。Rego（2003）研究表明，拥有广泛国外分布的跨国公司具有较低的全球和外国有效税率。采取税务激进行为的公司具有更大的财税差异、规模更大的国外运营、更多子公司在避税港、更多的研发支出和较低的财务杠杆（Wilson，2009[⑦]；Lisowsky，2010[⑧]）。此外，国外很多文献还将所有权结构作为税务激进行为的影响因素之一。Badertscher、Katz 和

---

① Hanlon, M., S. Laplante, and T. Shevlin. Evidence on the possible information loss of conforming book income and taxable income [J]. Journal of Law and Economics. 2005. 48 (2): 407 – 442.

② Hanlon, M., Maydew, E., Shevlin, T., An unintended consequence of book – tax conformity: A loss of earnings informativeness [J]. Journal of Accounting 和 Economics. 2008. (46): 294 – 311.

③ Comprix, J., Graham, R., Moore, J., Empirical evidence on the impact of book – tax differences on information asymmetry. Working paper, Syracuse University. 2010.

④ Zimmerman, J. Taxes and firm size [J]. Journal of Accounting and Economics. 1983 (5): 119 – 149.

⑤ Rego, S. Tax – avoidance activities of U. S. multinational corporations [J]. Contemporary Accounting Research. 2003. 20 (4): 805 – 833.

⑥ Gupta, S., and K. Newberry. Determinants of the variability in corporate effective tax rates: Evidence from longitudinal data [J]. Journal of Accounting and Public Policy. 1997. 16 (1): 1 – 34.

⑦ Wilson, R. An examination of corporate tax shelter participants [J]. The Accounting Review. 2009. 84 (3), 969 – 999.

⑧ Lisowsky, P. Seeking shelter: Empirically modeling tax shelters using financial statement information [J]. The Accounting Review, 2010. 85 (5): 1693 – 1720.

Rego (2011)[①] 提供证据表明，私人股本公司会大幅增加税务激进行为有效性，甚至在私人股本公司所有权明显减少或终止的情况下，税务激进行为仍然进行。因此，不同的所有权结构会显著影响企业税务激进行为。

我国关于税务激进行为的文献较少，有关避税的实证分析集中在税收优惠、税收负担如何影响企业纳税行为决策上。吴联生（2009）[②] 研究了我国国有股权与公司税负之间的关系以及税收优惠对国有股权与公司税负关系的影响，提出公司国有股权比例越高，其实际税率越高；非税收优惠公司的国有股权正向税负效应显著高于税收优惠公司。吴文锋等（2009）[③]以民营企业为研究对象，考察了企业高管的政府背景对公司享用税收优惠的影响，其研究结果证实，相对于没有政府背景的高管来说，拥有政府背景的高管，其所在企业的所得税适用税率和实际税率均显著更低。王跃堂等（2009）[④]研究了 2008 年实施的新企业所得税法是否影响公司的税收决策，研究表明新企业所得税法实施后，税率降低的公司存在明显的避税盈余管理行为，并且市场会对成功避税的公司给予正面反应。王素荣和蒋高乐（2009）[⑤]研究了 2007 年实施的新会计准则对企业税负的影响，并得出了新会计准则的实施降低了上市公司平均所得税负的研究结论。国内学者鲜有针对薪酬制度与避税关系研究的，主要集中在管理层薪酬与企业绩效的关系方面。由于股东与管理层之间信息不对称，通过管理层持股、薪酬与业绩挂钩等手段将管理层与股东利益联系在一起，从而实现股东财富最大化（于东智和谷立日，2001[⑥]；刘斌和刘星，2003[⑦]）。吕伟和李明辉（2012）[⑧] 提出避税行为能节约企业现金流，从而提升企业价值，那么与股东利益较为一致的管理层在其他情况相同时，会更多地运用避税手段以节

---

① Badertscher, B., S. Katz, and S. Rego. The impact of private equity ownership on portfolio firm's corporate tax planning. Working paper, University of Notre Dame. 2011.

② 吴联生．国有股权、税收优惠与公司税负［J］．经济研究，2009（10）：109－120.

③ 吴文锋，吴冲锋，芮萌．中国上市公司高管的政府背景与税收优惠［J］．管理世界，2009（3）：134－142.

④ 王跃堂，王亮亮，贡彩萍．所得税改革、盈余管理及其经济后果［J］．经济研究，2009（3）：86－98.

⑤ 王素荣，蒋高乐．新会计准则对上市公司所得税税负影响研究［J］．中国工业经济，2009（12）：117－127.

⑥ 于东智，谷立日．上市公司管理层持股的激励效用及影响因素［J］．经济理论与经济管理，2001（9）：24－30.

⑦ 刘斌，刘星．CEO 薪酬与企业业绩互动效应的实证检验［J］．会计研究，2003（3）：35－40.

⑧ 吕伟，李明辉．高管激励、监管风险与公司税负——基于制造业上市公司的实证研究［J］．山西财经大学学报，2012（5）：71－78.

约企业的现金流。赵德芳（2010）① 对我国企业避税现象进行描述，并探讨我国企业避税成因、特征及趋势。黄黎明（2004）② 从理论和实务两个方面研究了跨国公司避税问题。盖地（2011）③ 定义了税务筹划的概念、动因与目标，并分析了税务会计与财务会计的关系，明确了节税、避税与逃税的概念和界限——合法、不违法与违法的界定，指出税务筹划具有主观动因和客观条件，企业作为纳税人考虑其纳税后是否确实有助于产生一种良好的社会效应以及如何显现，纳税的实际结果与税务理论产生偏差，预期效应未能实现，甚至影响企业内在运行机制，纳税人会对纳税的必要性产生质疑，因而诱发企业在主观意识上进行筹划。国内的文献大多关于税务筹划的理论层面，从实践层面和案例中引入问题导向说明税务筹划问题现状的较少，相关的实证分析也相对匮乏。

2.2.3 税务激进行为的衡量指标

目前，尚未有广泛认可的税务激进行为的量化指标。很多文献根据有效税率衡量税务激进行为的有效性（Stickney 和 McGee，1982④；Gupta 和 Newberry，1997⑤；Callihan，1994⑥；Mills、Erickson 和 Maydew，1998⑦；Yin，2003⑧）或者将可选择性指标作为税务激进度的替代指标，包括总财税差异（Manzon 和 Plesko，2002）⑨ 和固定效应残差（Desai 和 Dharmapala，2006⑩）。Desai 和 Dharmapala（2006）为了计算税务激进度的指标，利用回归残差估计总应计项

---

① 赵德芳．对资本弱化避税案例的思考［J］．税务研究，2010（1）：72－75.

② 黄黎明．跨国公司税收筹划问题研究［D］．厦门：厦门大学，2004：14－36.

③ 盖地．税务筹划学［M］．北京：中国人民大学出版社，2011：2－22.

④ Stickney, C. and V. McGee. Effective corporate tax rates. The effect of size, capital intensity, leverage, and other factors［J］. Journal of Accounting and Public Policy. 1982（1）: 125－152.

⑤ Gupta, S., Newberry, K., Determinants of the variability in corporate effective tax rates: evidence from longitudinal data［J］. Journal of Accounting and Public Policy. 1997. 16（1）: 1－34.

⑥ Callihan, D. Corporate effective tax rates: A synthesis of the literature［J］. Journal of Accounting Literature. 1994（13）: 1－43.

⑦ Mills, L., M. Erickson, and E. Mayde W. Investments in tax planning［J］. The Journal of the American Taxation Association. 1998. 20（1）: 1－20.

⑧ Yin, G. How much tax do large public corporations pay? Estimating the effective tax rates of the S & P 500［J］. Virginia Law Review. 2003. 89（8）: 1793－1856.

⑨ Manzon, G., and G. Plesko. The relation between financial and tax reporting measures of income［J］. Tax Law Review. 2002. 55: 175－214.

⑩ Desai, M., and D. Dharmapala. Corporate tax avoidance and high－powered incentives［J］. Journal of Financial Economics. 2006. 79（1）: 145－179.

目对总财税差异的影响和企业对其的固有影响。Rego 和 Wilson（2012）[①] 使用三个避税指标，包括任意永久性差异（DTAX）、避税的预测分数和五年平均有效税率。Lisowsky 等（2010）[②]提供采用企业税金的特定量化能力的连续性衡量税务激进度，但他们没有实证检验预测其是否正确。Wilson（2009）和 Lisowsky（2010）构建了两项进行避税公司的估计概率指标。这两项指标是由识别参与避税的公司属性的 Logit 模型中根据相关系数估算概率的。但是指标存在局限性，即样本规模小，样本选择是税务机关查出或已经提起诉讼的公司。Wilson（2009）和 Lisowsky（2010）分别依据 59 家和 211 家避税的公司，构建了估算避税概率的参数。Frank、Lynch 和 Rego（2009）提出任意永久性差异的量化指标即依赖于永久性差异比时间性差异更激进。

Karthik Balakrishnan，Jennifer Blouin 和 Wayne Guay（2012）指出虽然避税概率和任意永久性差异很可能与税务激进度相关，但不能完全展现所有潜在的税务筹划，提出分两步构建指标。首先使用一般公认会计原则（GAAP）及有效税率作为对每家公司总税收负担的替代指标，然后基于业界（Fama 和 French，1997）[③] 和规模（总资产五分之一）调整每家公司的平均 3 年有效税率构建基于现金流的税务筹划指标（TA－GAAP）和基于一般会计原则的税务筹划指标（TA－CASH）。尽管 TA－GAAP 和 TA－CASH 反映了激进税务筹划结果的底线指标，但并不能解释任何特定的税务筹划策略。对于大型企业而言，有关利用区域经营及融资活动的战略选择其实是一个公认普遍的税务筹划策略。作为这些地区的税务筹划活动的替代指标，检验了在“避税港”国家有业务的公司数量。Dyreng 和 Lindsay（2009）[④]提供证据表明，企业利用“避税港”减轻它们的税收负担。McGill 和 Outslay（2002）[⑤]与 Hanlon（2003）[⑥]描

---

① Sonja Olhoft Rego and Ryan Wilson, Equity Risk Incentives and Corporate Tax Aggressiveness [J]. Journal of Accounting Research, 2012 (50): 775－810.

② Lisowsky, P. Seeking shelter: Empirically modeling tax shelters using financial statement information [J]. The Accounting Review, 2010. 85 (5): 1693－1720.

③ Fama, E., French, K., Industry costs of equity [J]. Journal of Financial Economics. 1997 (43): 153－193.

④ Dyreng, S., Lindsay, B., Using financial accounting data to examine the effect of foreign operations located in tax havens and other countries on US multinational firms' tax rates [J]. Journal of Accounting Research. 2009. 47 (5): 1283－1316.

⑤ McGill, G., and E. Outslay. Did enron pay taxes? Using accounting information to decipher tax status [J]. Tax Notes. 2002. 96 (8): 1125－36.

⑥ Hanlon, M. What can we infer about a firm's taxable income from its financial statements? [J]. National Tax Journal. 2003. 56 (4): 831－863.

述了指标误差的来源，当基于财务报告数据估计所得税时，控制了非税务筹划项目以减少可能的任意永久性差异指标误差。Mary Margaret Frank、Luann J. Lynch 和 Sonja Olhoft Rego（2008）依据永久性差异衡量税务激进度，通过将税务激进度指标与 Graham 和 Tucker（2006）识别出的进行避税活动的公司样本耦合来验证指标的正确性，结果表明，指标能够很好地预计避税活动。Desai 和 Dharmapala（2006）提出的衡量指标没有考虑一些控制变量（例如无形资产以及财产、厂房和设备），可能会导致暂时性或永久性差异。

2.2.4 股权激励与避税的关系

税收制度与会计制度一样也会促进和调节管理层股权激励的发展。1952年，美国辉瑞制药公司公布的股权激励方案，其是世界上第一个全员股权期权激励方案，是为了对员工薪酬进行避税，而不是股权激励传统意义上的激励效应或是降低代理成本。美国辉瑞制药公司实施股票期权方案最终原因是有效税务筹划降低税负。此后，很多公司都相继效仿，为达到避税的目的而进行股权激励。1974 年，“员工持股计划”正式得到法律认可。1981 年《经济恢复优惠税法》和 1986 年的《直接减税法》的出台，对“员工持股计划”涉及的税收优惠做出了规定。随着政府对员工持股计划的税收优惠支持，股权激励得到长足发展，2002 年之前公司股票期权均值以 25% 的速度上升。“安然事件”爆发后，美国证券交易委员会出台了《萨班斯—奥克斯利法案》，更改了股票期权的会计处理方式，变更为费用化，股权激励的税收优势渐渐缩小，2002 年之后公司股票期权均值以 17% 的速度下降（Feng 和 Tian，2009）[①]。因此，股权激励的范围以及实施力度都会受到税收杠杆作用的制约。

Frank、Lynch 和 Rego（2009）提出企业避税受财务报告激进度的影响。Wilson（2009[②]）发现避税的影响因素主要包括盈利程度、国外分布、无形资产、研发支出、杠杆作用。Dyreng、Hanlon 和 Maydew（2010）[③]通过实证检验得出结论，控制很多公司特征变量之后，管理层行为影响公司的避税决策。避

① Feng, Y. and Y. S. Tian. Option Expensing and Managerial Equity Incentives [J] Financial Markets, Institutions & Instruments. 2009. 18 (3): 195 - 241.

② Wilson, R. An examination of corporate tax shelter participants [J]. The Accounting Review. 2009. 84 (3): 969 - 999.

③ Dyreng, S., M. Hanlon, and E. Maydew. The effects of executives on corporate tax avoidance [J]. The Accounting Review. 2010. 85 (4): 1163 - 1189.

税是一个高风险活动，导致公司和管理层可能承担筹划成本。因此，管理层必须得到激励或补偿才会进行避税行为，以激励或补偿来冲抵避税行为的不确定结果产生的成本。

相关文献表明，不合理的避税与管理层报酬和承担的风险相关（Rego 和 Wilson，2010[①]；Brown、Drake and Martin，2010[②]），但是这些文献没有识别哪些因素驱动着企业避税的变化。已有的文献鲜有研究高管薪酬和企业避税之间的关系。Crocker 和 Slemrod（2005）[③]构建了基于契约关系理论的公司股东和公司税务部门主管之间的模型，并检验薪酬制度如何影响避税。同时，描述了董事会、代表股东如何构建税务部门主管的薪酬合同来匹配股东的激励。股东愿意公司税务部门主管减少公司的纳税负担和成本。Crocker 和 Slemrod 的研究也表明，适当调整激励措施可以匹配公司税务部门主管的薪酬结构以达到有效比率。Phillips（2003）[④]实证检验薪酬和避税的联系，主要验证基于税后收益激励管理层是否导致较低的有效税率。Phillips 基于 209 名被调研的企业高管样本，发现薪酬业务部门经理，而非 CEO，基于税收收益的激励直接导致了较低有效税率。但是 Phillips 还指出，CEO 税后绩效衡量指标可能间接地影响到有效税率，因为在税后基础上的 CEO 薪酬更有可能促使 CEO 在税后基础上激励各业务部门经理。Desai 和 Dharmapala（2006）[⑤]检验股票报酬如何影响税务筹划的决策。他们依赖于两种竞争理论：第一种理论假设为薪酬激励与税收规避正相关，因为薪酬激励应该使管理层激励与股东薪酬匹配，包括管理层进行避税增加公司价值。第二种理论假设为税收庇护促使管理层寻租。在这种情况下，公司治理应该适度调整薪酬激励与税务筹划之间的关系，以避免公司治理缺陷允许管理层通过税收庇护更多的寻租。综合起来，这两种理论产生一个模糊假设——关于薪酬激励对税收庇护的净影响，即增加薪酬激励应该增加税收庇护来提高公司价值，而减少税收庇护与管理层寻租相关。Desai 和 Dharmapa-

---

① Rego, S., Wilson, R., Executive compensation, equity risk incentives, and corporate tax aggressiveness. Working Paper, University of Iowa. 2010.

② Brown, J., Drake, K., Martin, M., Is less really more? The moderating effect of tax risk on tax avoidance, Working paper, Arizona State University. 2010.

③ Crocker, K. J. and J. Slemrod. Corporate tax evasion with agency costs [J]. Journal of Public Economics. 2005 (89): 1593 - 1610. .

④ Phillips, J. Corporate tax planning effectiveness: The role of compensation - based incentives [J]. The Accounting Review. 2003. 78 (3): 847 - 874.

⑤ Desai, M., and D. Dharmapala. Corporate tax avoidance and high - powered incentives [J]. Journal of Financial Economics [J]. 2006. 79 (1): 145 - 179.

la 分别通过治理良好和治理薄弱的公司检验模型发现，增加收入最高的五个高管薪酬激励会减少税收庇护，这种负相关影响的原因是公司治理较弱。他们的结论是，薪酬激励将使管理层薪酬与股东薪酬相匹配和减少投机取巧的税收庇护。Armstrong 等（2010）①检验高管总薪酬水平和“薪酬组合”是否与一些避税措施相关联。他们的研究结果表明，公司税务主管的薪酬总额和薪酬组合与 GAAP ETRs 具有增量解释力，但不与其他的避税衡量指标（包括 CASH ETRs）相关；同时也发现 CEO 和 CFO（首席财务官）薪酬指标不与任何避税衡量指标相关，他们的实证结果符合公司税务部门主管（但不是 CEO 或 CFO）薪酬激励形成通过披露税金（不是通过节省税金）对财务报表的有利影响。综上所述，Phillips（2003）、Desai 和 Dharmapala（2006）以及 Armstrong 等（2010）对于高管薪酬和公司避税之间关系实证结果并不一致。

股权激励导致管理层财富与股价之间的凸性关系，用以衡量管理层股票期权组合价值变化与给定的股票报酬波动价值变化。股权激励反映股票报酬波动影响管理层财富如何变化。先前的研究提供的证据表明，股权激励鼓励管理层实施更多的风险投资和融资决策（Guay、1999②；Rajgopal 和 Shevlin，2002③；Williams 和 Rao，2006④；Coles、Daniel 和 Naveen，2006⑤）。然而，这些研究没有检验股权激励与风险税务筹划之间的相关关系。股权激励措施鼓励管理层做出更多的风险投资和融资决策，同样也激励管理层进行更激进的税务行为，从而导致一些企业的税务激进度变化。

---

① Armstrong, C. S. , J. L. Blouin, and D. F. Larcker. The incentives for tax planning. Working paper, Stanford University and University of Pennsylvania. 2010.

② Guay, W. R. The sensitivity of CEO wealth to equity risk: An analysis of the magnitude and determinants [J]. Journal of Financial Economics. 1999. 53: 43 – 71.

③ Rajgopal, S. and T. Shevlin. Empirical evidence on the relation between stock option compensation and risk taking [J]. Journal of Accounting and Economics. 2002. 33 (2): 145 – 171.

④ Williams, M. , and R. Rao . CEO stock options and equity risk incentives [J]. Journal of Business Finance & Accounting. 2006. 33 (1) 26 – 44.

⑤ Coles, J. L. , N. D. Naveen, and L. Naveen. Managerial incentives and risk – taking [J]. Journal of Financial Economics. 2006. 79 (2): 431 – 468.

2.3　股权激励、税务激进行为经济后果的研究

2.3.1　股权激励的经济后果

（1）股权激励对业绩的影响。股权激励对业绩的影响是衡量股权激励影响机制最直接的方法，目前学术界对股权激励与业绩的关系的结论并不一致。第一，股权激励能够促进业绩提高。Jensen 和 Murphy（1990）[①] 以 1969—1983 年 73 家公司为研究样本，分析了股权激励对股东财富的影响，结果表明管理层持股对股东财富促进作用最大，现金奖励对股东财富的促进作用最小，股票期权的作用介于两者之间。Hall 和 Liebman（1998）[②] 以 1980—1994 年 478 家公司为研究样本，分析了管理层薪酬结构与公司价值的相关性，结果表明管理层股权激励与公司价值正相关，并分析了不同股权激励方式对公司价值影响的程度。Sesil 等（2000）[③] 通过实证检验了股票期权与公司业绩的相关性，结果显示两者存在正相关关系。王克敏和陈井勇（2004）[④] 站在投资者保护视角研究管理层持股的激励效应和保护效应，在没有接管市场或接管市场不发达的条件下，公司业绩会随着管理层股权激励提高。陈勇、廖冠民和王霆（2005）[⑤] 通过实证检验管理层股权激励前后公司业绩的变化，发现对管理层实施股权激励之后比没有对管理层实施股权激励时，公司业绩略有提高。程仲鸣和夏银桂（2008）[⑥] 以 2001—2006 年国有控股上市公司为研究样本，研究了国家控股和

---

① M. C. Jensen, K, J. Murphy, 1990a. Performance Pay and Top - manangement Incentives [J]. Journal of Political Economy. 1990. 4 (98): 225 - 264.

② Hall, Liebman. Are CEOs really paid like bureaucrats? [J]. Quarterly Journal of Economics. 1998: 653 - 691.

③ Sesil, J., M. Kroumova, D. Kruse and J Blasi. Broad - Based Employee Stock Options in the U. S: Company Performance and Characteristics. working paper. Rutgers University. 2000.

④ 王克敏，陈井勇．股权结构、投资者保护与公司绩效［J］．管理世界，2004（7）：127 - 133.

⑤ 陈勇，廖冠民，王霆．我国上市公司股权激励效应的实证分析［J］．管理世界，2005（2）：158 - 159.

⑥ 程仲鸣，夏银桂．制度变迁、国家控股与股权激励［J］．南开管理评论，2008（4）：89 - 96.

地方政府控股公司管理层股权激励对公司价值的影响，研究结论显示国有控股上市公司和地方政府控股上市公司管理层股权激励能促进公司价值上升，同时地方政府控股上市公司比国有控股上市公司激励效果更明显。第二，股权激励不影响公司业绩或降低公司业绩。Demsetz 和 Lehn（1985）① 最早提出了股权不影响公司业绩的结论，以 511 家大型公司为研究样本采用最小二乘法对股权集中度与公司业绩进行多元线性回归，结果显示股权集中度不影响公司业绩，两者不存在显著相关性。Agrawal 和 Knober（1996）② 以 1987 年 383 家公司为研究样本，采用两种线性回归方法分别检验管理层持股与公司业绩之间的相关性，在多元线性回归和两阶段回归方法下结论一致，结果表明管理层持股与公司业绩负相关，但显著性不强。魏刚（2000）③ 认为管理层持股实际上是福利安排，不具备激励效应，以 1998 年上市公司为研究样本，分析管理层薪酬与公司业绩的关系，结果表明管理层持股与公司业绩没有显著正相关关系，而且也不存在区间效应。李增泉（2000）④ 对管理层持股及薪酬与公司绩效进行回归，结果显示管理层薪酬与公司绩效不存在显著相关关系，即使管理层持股数量偏低也不能达到激励效应。向朝进和谢明（2003）⑤ 随机抽取了 2001 年 110 家上市公司为研究样本，分析了治理结构影响因素与财务业绩之间的关系，通过将财务业绩分解成两个衡量指标实证检验发现管理层持股对财务业绩没有显著影响。第三，股权激励与公司业绩存在曲线关系。Morck、Shleifer 和 Vishny（1988）⑥ 选取 1980 年《财富》500 强中的 371 家公司作为研究样本，检验了管理层持股与公司业绩的关系，分析发现管理层持股与公司业绩之间存在分段式的统计关系，结果表明管理层持股数量占总数量 5% 以内时，管理层股权激励会产生积极效应，促进公司业绩增长；管理层持股数量占总数量的比例介于 5% 和 25% 之间时，管理层股权激励会产生消极效应，不利于公司业绩提高反

① Demsetz, H. and Lehn, K. The Structure of Corporate Ownership: Causes and Consequences [J]. Journal of Political Economy. 1985 (93): 1155 - 1177.

② Agrawal, A., Knoeber, C. Firm performance and mechanisms to control agency problems between managers and shareholders [J]. Journal of Financial and Quantitative Analysis. 1996. 31 (3): 377 - 397.

③ 魏刚. 高级管理层激励与上市公司经营业绩 [J]. 经济研究，2000 (3): 32 - 39.

④ 李增泉. 激励机制与企业绩效——一项基于上市公司的实证研究 [J]. 会计研究，2000 (1): 24 - 30.

⑤ 向朝进，谢明. 我国上市公司绩效与公司治理结构关系的实证分析 [J]. 管理世界，2003 (5): 117 - 124.

⑥ Morck R., Shleifer A., Vishny RW. Management, Ownership and Market Valuation: An Empirical Analysis [J]. Journal of Financial Economics. 1988. 20 (1): 293 - 315.

而会影响业绩；管理层持股数量占总数量的比例大于 25% 时，管理层股权激励又会产生积极效应，随着管理层持股比例增加，业绩也会随之提高。管理层持股与公司业绩之间存在分段式相关性的原因在于管理层股权激励产生了两种效应，积极效应和消极效应，关键在于管理层持股临界点的确定。McConnell 和 Servaes（1990）① 选取 1976 年的 1173 家公司和 1986 年的 1093 家公司作为两个研究样本，分别对管理层持股、大股东和机构投资者与公司业绩的相关性进行检验，结果显示管理层持股与公司业绩并不存在线性关系而是呈现二次函数倒"U"型关系，两个样本的研究结果一致，而临界点却不同。1976 年的样本回归结果表明，管理层持股低于 50% 时，管理层股权激励会促进公司业绩增长；管理层持股超过 50% 时，股权激励会降低公司业绩。1986 年的样本回归结果表明，管理层持股低于 37.6% 时，管理层股权激励会促进公司业绩增长；管理层持股超过 37.6% 时，股权激励会降低公司业绩。吴淑琨（2002）② 以 1997—2000 上市公司数据为研究数据，实证检验股权集中度、管理层持股对公司业绩的影响，结果显示管理层持股与公司业绩呈倒"U"型函数关系。徐大伟、蔡锐和徐鸣雷（2005）③ 以 25 家管理层收购（MBO）上市公司为研究样本，检验了 MBO 上市公司管理层持股与公司绩效的关系，结果显示两者不存在线性关系而是存在三次函数关系，管理层持股数量占总数量 7.5% 以内时，管理层股权激励会产生积极效应，促进公司业绩增长；管理层持股数量占总数量的比例介于 7.5% 和 33.35% 之间时，管理层股权激励会产生消极效应，不利于公司业绩提高反而会影响业绩；管理层持股数量占总数量的比例大于 33.35% 时，管理层股权激励又会产生积极效应，随着管理层持股比例增加，业绩也会随之提高。因此，管理层持股与公司业绩之间存在分段式相关关系。

（2）股权激励对股利政策的影响。Lambert、Lanen 和 Larker（1989）④ 首次研究了管理层股权激励与公司股利的关系，表明管理层股权激励尤其是股票

---

① J. McConnell and H. Servaes. Additional Evidence on Equity Ownship and Corporate Value [J]. Journal of Financial Economics. 1990 (27): 595 - 612.

② 吴淑琨. 股权结构与公司绩效的 U 型关系研究——1997—2000 年上市公司的实证研究 [J]. 中国工业经济，2002 (1): 80 - 87.

③ 徐大伟，蔡锐，徐鸣雷. 管理层持股比例与公司绩效关系的实证研究——基于中国上市公司的 MBO [J]. 管理科学，2005 (4): 40 - 47.

④ Lambert, R., Lanen, W. and D. Larcker, Executive Stock Option Plans and Corporate Dividend Policy [J]. Journal of Financial & Quantitative Analysis. 1989. 24 (4): 409 - 425.

期权激励与公司股利负相关，管理层股权激励会减少公司股利发放。Bartov 等(1998)[①] 选取 1985—1995 年的上市公司为研究样本，研究管理层股权激励对股利政策的影响，结果表明管理层股权激励会降低现金股利水平，增加股票回购水平。此外，机构投资者持股比例也会影响管理层对于现金股利和股票回购决策选择，机构投资者持股比例越高，管理层越倾向于股票回购，而不会选择现金股利。Fenn 和 Liang （2001）[②] 选取 1993—1997 年 1100 家公司作为研究样本，发现管理层股权激励与股利支付存在显著负相关关系，管理层股权激励尤其是股票期权会增加股票回购，相反会降低现金股利。此外，还有一些学者的研究结论表明管理层股权激励与股利负相关。Liljeblom 等 （2006）[③] 以芬兰上市公司为样本，检验管理层实施股票期权与股利的关系，发现管理层实施保护型期权激励时，股权激励与现金股利存在正相关关系。Wu 等 （2008）[④] 以 1035 家中国台湾地区上市公司为样本，发现对管理层实施保护型股票期权激励会增加股利支付水平，两者存在正相关关系。张海平 （2011）[⑤] 研究股权分置改革后股权激励与股利支付水平的关系，以 2006—2009 年上市公司为研究样本，通过实证检验发现实施股权激励会降低股利支付水平，统计结果表明实施管理层股权激励的上市公司比没有实施管理层股权激励的上市公司平均股利支付率减少 9.2%。肖淑芳和喻梦颖 （2012）[⑥] 以 2006—2011 年上市公司为研究样本，研究上市公司发布股权激励计划前后股利政策有何变化，结果表明股权激励计划与送转股和现金股利存在正相关关系，实施股权激励计划的公司比没有实施股权激励计划的公司送转股水平和现金股利水平显著提高。

（3）股权激励对公司会计政策选择的影响。管理层股权激励直接影响管理人员获得的利益，管理层为了实现利益最大化有动机操纵利润获得较低的行权价格，从而在行权时通过操纵利润出售股权获得巨大收益。Healy （1985）

① Bartov, E., I. Krinsky, J. Lee. Evidence on how companies choose between dividends and open - market stock repurchases [J]. Journal of Applied Corporate Finance. 1998 (11): 89 - 96.

② George W. Fenn, Nellie Liang. Corporate payout policy and managerial stock incentives [J]. Journal of Financial Economics. 2001. 60 (1): 45 - 72.

③ Liljeblom, Eva and Pasternack, Daniel. Share Repurchases, Dividends, and Executive Options: the Effect of Dividend Protection [J]. European Financial Management. 2006. 12 (1): 7 - 28.

④ Wu, M. C., Kao, E. H. C. and Fung, H. G. Impact of dividend - protected employee stock options on payout polices: evidence from Taiwan [J]. Pacific Economis Review. 2008. 13 (4): 431 - 452.

⑤ 张海平．上市公司股权激励效应研究 [D]．上海：复旦大学，2011.

⑥ 肖淑芳，喻梦颖．股权激励与股利分配——来自中国上市公司的经验证据 [J]．会计研究，2012 (8): 49 - 57.

最早研究管理层业绩红利与会计政策选择的关系，发现管理层会选择有利于业绩红利的会计政策。Nagar 等（2003）[①] 分析了股权激励对公司信息披露的影响，结果表明管理层股权激励包括基于股价的红利和管理层持股与会计信息披露正相关，管理层股权激励有利于公司信息披露。Bergstresser 和 Philippon (2006)[②] 分析了公司对管理层实施股权激励力度高会导致管理层操纵会计信息，特别是股权激励的方式采用股票或股票期权时，管理层更倾向于利用操控性应计项目操纵会计利润。Cheng 和 Warfield（2005）[③] 发现管理层股票期权激励力度高会导致管理层进行盈余管理并且卖出更多股票。Efendi、Srivastava 和 Swanson（2007）[④] 研究表明股权激励与财务报表重述相关。McAnally、Srivastava 和 Weaver（2008）[⑤] 研究发现管理层股权激励使管理层发生自利行为，以较低的价格购买股权，从而导致公司预计目标没有实现。张海平和吕长江(2011)[⑥] 研究了管理层股权激励与会计政策选择的关系，分析了管理层利用资产减值会计政策影响会计利润，结果显示公司对管理层实施股权激励导致管理层具有盈余管理动机，利用资产减值的会计政策选择操控会计利润进而影响股权激励的行权条件，最终达到自身利益最大化。

（4）股权激励对投资的影响。基于管理层获得最大收益原则，公司对管理层实施股权激励尤其是股票期权会导致管理层偏好投资高风险、高收益项目(Agrawal 和 Mandelker，1987[⑦]；Lambert、Lanen & Larcker，1989[⑧])。Saul Lev-

---

① Nagar, V., D. Nanda, and P. D. Wysocki. Discretionary Disclosure and Stock - Based Incentives [J]. Journal of Accounting and Economics. 2003 (34): 283 - 309.

② Bergstresser, Daniel, and Thomas Philippon, CEO incentives and earnings management [J]. Journal of Financial Economics 2006 (80): 511 - 529.

③ Cheng Qian and Warfield, T. D., Equity incentives and earnings management [J]. The Accounting Review. 2005: 441 - 476.

④ Efendi J., Srivastava A., Swanson. EP. Why Do Corporate Managers Misstate Financial Statements? The Role of Option Compensation and Other Factors [J]. Journal of Financial Economics. 2007. 85 (3): 667 - 708.

⑤ McAnally, M. L., A. Srivastava, and C. Weaver, Executive stock options, misses esrnings targets and earnings management [J]. The Accounting Review. 2008. 83 (1): 185 - 216.

⑥ 张海平，吕长江．上市公司股权激励与会计政策选择：基于资产减值会计的分析 [J]．财经研究，2011 (7): 60 - 70.

⑦ Agrawal Anup, Gershon, N. Mandelker. Managerial incentives and corporate investment and financing decisions [J]. Journal of Finance. 1987. 42 (4): 823 - 837.

⑧ Lambert, R., Lanen, W. and D. Larcker, Executive Stock Option Plans andCorporate Dividend Policy [J]. Journal of Financial & Quantitative Analysis. 1989. 24 (4): 409 - 425.

more（2000）[①] 研究发现管理层实施业绩相关的股权激励会导致管理层选择投资高风险项目而不是最优项目。在没有期权的情况下，风险规避型管理层尽可能冒较少的风险，因风险较大的项目而奖励高管的期权会抵消这种扭曲。罗富碧、冉茂盛和杜家廷（2008）[②] 以2002—2005年上市公司为研究样本，研究管理层股权激励与投资决策的交互作用，并对不同股权激励模式对投资决策的影响进行分析，结论表明管理层股权激励与投资决策互为正相关，管理层股权激励与投资存在显著正相关关系，即管理层股权激励会促进公司的投资，同时投资也会促进公司实施管理层股权激励，两者存在内生决定关系，此外，在股权激励的模式中，股票增值权激励比其他方式投资量大。吕长江和张海平（2011）[③] 研究股权激励与公司投资行为的关系，结果表明管理层股权激励会促进上市公司进行有效率的投资行为抑制非效率投资，没有实施股权激励的公司比实施股权激励的公司更容易发生过度投资行为或者投资不足行为，股权激励有利于抑制投资扭曲，使管理层与股东利益趋于一致，降低代理成本。徐倩（2014）[④] 研究了环境不确定性与投资行为的关系，管理层股权激励对两者关系的影响和作用，实证结果表明环境不确定性不利于公司有效投资，会产生投资过度或者投资不足，进而降低投资效率；管理层股权激励会抑制环境不确定性导致的过度投资或投资不足，降低环境不确定产生的代理成本，减少股东与管理层之间的代理冲突。

（5）股权激励对人力资本的影响。高管人员对企业的经营活动至关重要，往往在重大决策上决定公司的成败，高管人员作为公司的人力资本，是市场上相对稀缺的人才。公司应当建立管理层人才战略，采用激励方式尤其是长期激励方式，保持管理层的稳定，管理层与股东趋同利益，共担风险，使其努力实现股东利益最大化。很多公司处于创业或发展期，需要大量的优秀人才支撑公司的发展战略，如果激励制度落后，很难吸引人才为企业服务创新。股权激励作为对管理层实施的一种激励方式能够提高对人才的吸引力，将人才的薪酬收益与企业的发展紧密联系在一起，通过努力共同获益、共担风险。此外，在市场经济条件下，人才流动频繁，激励效应高的公司会凝聚很多人才，同时要保

① Saul Levmore, Puzzling Stock Options and Compensation Norms（December 2000）.

② 罗富碧，冉茂盛，杜家廷．高管人员股权激励与投资决策关系的实证研究［J］．会计研究，2008（8）：69－76.

③ 吕长江，张海平．股权激励计划对公司投资行为的影响［J］．管理世界，2011（11）：118－126.

④ 徐倩．不确定性、股权激励与非效率投资［J］．会计研究，2014（3）：41－48.

持人才的相对稳定，激励机制应作为长期发展战略，避免短期行为。长期激励机制可以有效吸引人才并且稳定人才，在一段时期内通过利益输送，形成一个长期的凝聚力。Lazear（2000）① 提出公司对管理层实施股权激励有利于吸引更多的人才，管理层对于企业的重要决策有能力选择、甄别和执行，股权激励可以促使管理层提高公司价值，以获得自身利益最大化，从而实现管理层与股东利益趋同。Baker 等（2003）② 提出公司为了留住人才往往在管理层任期第一年授予股权激励，作为长期人才战略的激励机制。Arya 等（2005）③ 分析股权激励能够解决公司对管理层信息不对称而给与过多报酬的问题，原因在于股权激励构成了管理层能力和业绩与报酬的链条，使管理层在完成相关业绩指标条件下才能获得收益。吕长江等（2011）④ 分析了公司选择股权激励的原因包括公司治理需要、人力资本需求、福利和市场化程度。综上所述，得出的结论表明我国上市公司与国外上市公司类似，人力资本需求是上市公司对管理层实施股权激励的重要原因之一。我国上市公司基于福利的目的而实施股权激励，股权激励没有作为代理成本的替代却成为代理成本的结果。公司的发展离不开人力资本和物力资本的融合，而股权激励正是人力资本与物力资本的融合剂，公司财富的积累正是人力资本和物力资本相互作用的过程。股权激励制度建立的约束与激励机制有效地解决了委托代理关系，使管理层提高积极性为企业价值增加努力。公司股权激励计划主要原因是稳定优秀的管理人才、重视人力资本开发增值，从而提高企业价值。

2.3.2 税务激进行为的经济后果

税务激进行为使公司产生很多直接或潜在的后果。税务激进行为对公司产生的直接后果是降低费用、增加现金流量和股东财富。税务激进行为产生的间接后果包括改变资本结构、增加税务部门审查力度、加剧信息不对称以及引发

① Lazear, E. P., The Power of Incentives [J]. American Economic Review. 2000. 90 (2): 410 - 414.

② Baker, M., J. C. Stein, J. Wurgler. When Does The Market Matter? Stock PricesAnd The Investment Of Equity - Dependent Firms [J]. The Quarterly Journal of Economics. 2003. 118 (3): 969 - 1005.

③ Arya and Bmittendorf. Offering Stock Options to Gauge Managerial Talen [J]. Journal of Accounting and Economies, 2005, VOI. 40: 189 - 210.

④ 吕长江，严明珠，郑慧莲，许静静. 为什么上市公司选择股权激励计划？[J]. 会计研究，2011 (1): 68 - 75.

代理问题等。第一，对资本结构的影响。Graham 和 Tucker（2006）① 提出税务激进行为能够减少利息产生的边际收益从而改变资本结构。第二，对税务部门审查力度的影响。Crocker 和 Slemrod（2005）② 研究了税务部门对公司税务激进行为增加处罚力度是否会影响公司继续采用激进的税务行为，税务部门处罚作用对于管理层和股东的区别。一旦公司的税务激进行为不被税务部门认可，需支付高昂的税金、滞纳金和罚款，会降低现金流量和减少股东财富。第三，对股东财富的影响。税务激进行为对管理层、股东、债权人以及政府部门都会产生影响。如果管理层采用最优方式避税并且股东对于避税的方式和后果具有理性的信念，那么避税与股东财富就不会存在相关性。但是，假设条件隐含了股东对管理层的最优激励，以至于管理层和股东理解避税的全部风险和收益。因此，这种假设与现实并不相符。Berger（1993）③ 提出，如果公司通过投资税收优惠资产进行避税，则隐性税收会减少税务激进行为对股东财富的影响。考虑到股东的立场，风险中性的股东要求管理层采取策略使税后现金流最大并且给予管理层一定激励报酬，税务激进行为就是有效的方式之一。Chen 和 Chu（2005）④ 提出激进的税务行为会增加管理层的风险，股东授予管理层的薪酬不仅会激励管理层对税务激进行为的积极性，还需要弥补税务激进行为带给管理层的风险。税务激进行为会影响股东与管理层之间代理关系，因此会影响股东财富的增加。Barile（2012）指出税务激进行为会引发管理层的机会主义行为，从而破坏股东与管理层的薪酬激励框架，导致管理层不愿意努力增加股东财富。Desai 和 Dharmapala（2009）⑤ 研究发现税务激进度与公司价值相关，其中税务激进度选用财税差异衡量，公司价值用市场价值与账面价值比值衡量。进一步分析，机构投资者持股比例对税务激进度与公司价值的相关性有影响，两者存在正相关关系，即机构投资者持股比例越高，税务激进度与公司

---

① Graham, J., and A. Tucker. Tax shelters and corporate debt policy [J]. Journal of Financial Economics. 2006 (81): 563 - 594.

② Crocker, K. J. and J. Slemrod. Corporate tax evasion with agency costs [J]. Journal of Public Economics. 2005 (89): 1593 - 1610.

③ Berger, P., Explicit and implicit tax effects of the R & D tax credit [J]. Journal of Accounting Research. 1993 (31): 131 - 171.

④ Chen, K. P., and C. Y. C. Chu. Internal Control versus External Manipulation: A Model of Corporate Income Tax Evasion [J]. The RAND Journal of Economics. 2005. 36 (1): 151 - 164.

⑤ Desai, M. and D. Dharmapala. Earnings Management, corporate tax shelters, and book - tax alignment [J]. National Tax Journal. 2009 (72): 169 - 186.

价值的相关性越强，反之亦然。第四，对信息披露的影响。Desai 等（2007）① 分析了俄罗斯石油公司税务激进行为导致信息不对称，管理层通过税务激进行为侵蚀股东的财富，结果表明税务激进行为会加剧信息不对称。Hanlon 和 Slemrod（2009）② 以避税的公司为研究样本，检验避税信息披露会产生怎样的后果，结果显示首次披露避税信息的公司，股价会略微下跌；投资人熟悉的大公司披露避税信息后会产生负面影响，以被查处参与避税行为的公司为样本，分析了对公司参与避税行为的信息披露会引发什么。Chen 等（2010）③ 实证检验了税务激进行为与信息透明度的相关性，结果显示税务激进行为与信息透明度存在负相关关系，公司税务激进度越高，信息透明度越低；税务激进度越低，信息透明度越高。Kim 等（2011）④ 指出公司的税务激进行为容易导致股价下跌，原因在于管理层通过避税行为操纵信息隐瞒真实情况。吕伟等（2011）⑤ 检验了避税行为与股票信息含量的关系，发现两者存在负相关关系。此外，刘行和叶康涛（2013）⑥ 以 1999—2010 年上市公司为研究样本，分析了避税行为与投资效率之间的关系，结果表明两者存在负相关关系，即公司避税行为会导致管理层非效率投资。进一步分析，公司治理机制对避税程度与投资效率的相关性有影响，两者存在负相关关系，即公司治理机制越完善，避税程度对过度投资的影响越低。

2.3.3 会计信息质量的经济后果

会计信息具有一定的经济后果（ Economic Consequence），这已是不争之实（ Zeff，1978）。从经济学的角度来看，外部性的概念是指一个经济主体（生产者或消费者）在自己的活动中对旁观者的福利产生了一种有利影响或不

---

① Desai, M. , Dyck, A. , Zingales, L. , Theft and Taxes. Journal of Financial Economics [J]. 2007 (85): 591 - 623.

② Hanlon, M. , and J. Slemrod. What does tax aggressiveness signal? Evidence from stock price reactions to news a bout tax shelter involvement [J]. Journal of Public Economics. 2009. 93 (1) 126 - 141.

③ Chen, S. , X. Chen, Q. Cheng, and T. Shevlin. Are family firms more tax aggressive than non - family firms? [J] Journal of Financial Economics. 2010. 95 (1): 41 - 61.

④ Kim, J. , Y. Li, and L. Zhang. Corporate Tax Avoidance and Stock Price Crash Risk: Firm - level Analyses [J]. Journal of Financial Economics. 2011 (100): 630 - 662.

⑤ 吕伟，陈丽花，佘名元. 商业战略，声誉风险与企业避税行为 [J]. 经济管理，2011 (11): 121 - 129.

⑥ 刘行，叶康涛. 企业的避税活动会影响投资效率吗？[J]. 会计研究，2013 (6): 47 - 53.

利影响，这种有利影响带来的利益（或者说收益）或不利影响带来的损失（或者说成本），都不是生产者或消费者本人所获得或承担的，是一种经济力量对另一种经济力量“非市场性”的附带影响。会计信息属于准公共物品，具有外部性。管理层提供会计信息对没有参与活动的经济主体利益产生了有利或不利的影响，即会计信息对部分相关者产生有利影响带来利益，对部分相关者产生不利影响带来损失。为了解决会计信息外部性问题，会计信息应具有产权属性以减少利益相关者信息争夺。会计信息的产权属性决定了利益相关者获得使用会计信息的权利和义务。管理层在会计信息生成过程中存在很多决策选择，这些决策会对会计信息质量产生影响。因此，要提高会计信息质量，仅靠会计计量程序、计量方法等技术层面上的努力远远不够，关键是要建立起配置合理的产权机制（杜兴强，1998）①。同时，会计信息质量高低也会产生经济后果，包括影响权益成本、会计盈余、机构投资者等。第一，会计信息质量对权益成本的影响。Kim 和 Verrecchia（1994）② 认为会计信息质量提高会减少利益相关者之间的信息不对称以及增加机构投资者持股，增强股票流动性，从而促进股权融资成本降低。Bloomfield 和 Wilks（2000）③ 实证检验了会计信息质量与股权融资成本之间的关系，结果表明两者负相关，即会计信息质量提高，股权融资成本降低；会计信息质量降低，股权融资成本增加。汪炜和蒋高峰（2004）④ 以 2002 年之前在上海证券交易所上市的公司为研究样本，分析了信息透明度对资本成本的影响，结果表明信息透明度与资本成本呈负相关关系，即公司信息透明度程度越高，融资的资本成本越低。曾颖和陆正飞（2006）⑤ 以 2002—2003 年深圳证券交易所上市公司为研究样本，研究了信息披露质量与资本成本的关系，其中信息披露质量由总披露质量和盈余披露质量衡量，资本成本由剩余收益模型衡量，结果表明信息披露质量与资本成本负相关，即信息披露质量越高边际权益融资成本越低。第二，会计信息质量对会计盈余的影响。管理层的薪酬一般与业绩挂钩，而业绩的好坏是由会计信息反映的。因此，管理层有动机操纵会计信息的生成，关注会计信息的结果。Lundholm 和

---

① 杜兴强．会计信息的产权问题研究［J］．会计研究，1998（7）：13－18.

② Kim O. & Verrecchia R. E. Market Liquidity and Volume around Earning Announcement［J］. Journalof Accounting Economics. 1994（17）：4－67.

③ Bloomfield RJ. & TJ. Wilks. Disclosure Effects in the Laboratory：Liquidity，Depth. and the Cost of Capital［J］. The Accounting Review. 2000. 75（1）：13－41.

④ 汪炜，蒋高峰．信息披露、透明度与资本成本［J］．经济研究，2004（7）：107－114.

⑤ 曾颖，陆正飞．信息披露质量和股权融资成本［J］．经济研究，2006（2）：69－79.

Myers（2002）[①] 研究了会计信息披露质量与会计盈余的价值相关性，其中会计信息披露质量由披露指数测度，会计盈余由当期盈余和未来盈余测度，研究发现信息披露水平越高，当期回报与盈余信息的相关性越高，因此提高公司信息披露水平会提升会计信息的价值相关性。Bhattacharya 等（2003）[②] 从国际化角度研究了 1984—1998 年 34 个国家上市公司会计盈余透明度与股票流动性的关系，其中将会计盈余透明度分解成盈余激进度、损失规避度和盈余平滑度。结果显示，会计盈余越不透明，融资的资本成本越高，股票流动性越低；会计盈余越透明，股票流动性越高。袁淳和王平（2005）[③] 以深圳证券交易所上市公司为研究样本，分析了会计盈余信息披露的价值相关性，表明深圳证券交易所对上市公司信息披露进行考核评分以衡量公司会计信息披露质量，有利于相关利益者决策判断。第三，会计信息质量对机构投资者的影响。Healy 等（1999）[④] 以 1978—1991 年美国投资管理和研究协会（AIMR）披露指数为研究数据，研究了会计信息质量的经济后果，实证检验了会计信息质量与机构投资者持股比例、股票流动性和股票回报率之间的关系，结果显示会计信息质量越高，机构投资者持股比例会随之提高；会计信息质量越低，机构投资者持股比例也越低。此外，会计信息质量提高也会影响股票流动性和股票回报率增加，说明公司会计信息质量可以影响公司资本市场的回报，信息透明度提高可以有效吸引潜在投资者投资，有利于股价的上升进而获得收益。同时，也得出结论，会计信息质量与收入没有相关性。张程睿和王华（2007）[⑤] 认为机构投资者对于我国资本市场发展至关重要，机构投资者投资金额相对较大，在进行投资决策时考虑公司的财务状况、经营成果以及关注股东与管理层之间的代理关系，尤其是股东与管理层代理关系产生的逆向选择与道德风险，以防投资失误带来的损失。本书通过实证检验了公司的会计信息披露质量与机构投资者持股之间的关系，结果表明会计信息质量与机构投资者持股比例正相关。

---

① Lundholm R, Myers A. Bringing the future Forward: The effect of disclosure on the returns - earnings relationf [J]. Journal of Accounting research. 2002. 40 (3), 809 - 839.

② Bhattacharya, U., H. Daouk, and M. Welker. The world price of earnings opacity [J]. The Accounting Review. 2003 (78): 641 - 678.

③ 袁淳，王平. 会计盈余质量与价值相关性：来自深市的经验证据 [J]. 经济理论与经济管理，2005 (5): 36 - 39.

④ Hearly R., Hutton A. & Palepu K. Stock Performance and Intermediation Changes Surrounding Sustained Increase in Disclosure [J]. Contemporary Accounting Research. 1999 (6): 485 - 520.

⑤ 张程睿，王华. 公司信息透明度的市场效应——来自中国 A 股市场的经验数据 [J]. 中国会计评论，2007 (5): 1.

（1）会计信息的功能。会计信息的功能主要表现在两个方面，一是会计信息能够反映管理层履行责任的情况；二是会计信息可以改善信息不对称有助于投资者决策。关于会计信息反映管理层受托责任情况的文献主要有：Watts 和 Zimmerman（1986）提出会计信息具有公司治理功能。Weisbach（1988）① 研究证明息税前利润与 CEO 更换显著相关。Murphy 和 Zimmerman（1993）② 提出会计盈余和股票价格与公司更换管理层负相关。Itter 等（1997）③ 研究表明管理层薪酬激励通常采用会计指标衡量业绩，通过实证检验发现最常用的指标是每股收益、净利润以及营业收入。Murphy（1999）④ 进一步研究发现，有 91% 的公司对管理层薪酬激励时应用净利润、税前利润、息税前利润等会计利润指标，表明利润指标能够衡量管理层业绩进而相应获得薪酬激励。Kaplan 和 Minton（2006）⑤ 分析了管理层离任与会计指标是否相关，其取决于离任原因，如果是内因（董事会等因素）离任，则管理层离任与会计指标显著相关；如果是外因（破产等因素）离任则管理层离任与会计指标不相关。Fan 等（2007）⑥ 检验中国上市公司高管离任，发现公司业绩与高管离任存在相关关系。关于会计信息可以改善信息不对称有助于投资者决策的文献主要有：投资者诉讼与公司会计信息披露相关，管理层为了减少投资者诉讼，降低诉讼成本会改进会计信息披露提高财务报告质量（Kellogg，1984⑦；Francis 等，1994⑧；

---

① Weisbach, M. S. Outside directors and CEO tumover [J]. Journal of FinancialEconomics. 1988. 20 (1): 431 -460.

② Murphy, K. J., and Zimmerman, J. L. Financial Performance Surrounding CEO Turnover [J]. Journal of Accounting and Economics. 1993 (16): 273 -315.

③ Itter C., D. Larcker and M. Rajan. The Choice of Performance Measures in Annual Bonus Contracts [J]. Accounting Review. 1997 (2): 231 -255.

④ Murphy K. J. Executive Compensation., Handbook Of Labor Economics Amsterdam: North - Holland. 1999 (3).

⑤ Kaplan, StevenN., and Bernadette Minton, How has CEO turnover changed? Increasingly performance sensitive boards and increasingly uneasy CEOs. Workingpaper. University of Chicago. 2006.

⑥ Fan, J. P. H., Wong, T. J., and Zhang, T. Politically connected CEOs, Corporate Governance and Post - IPO Performance of China's Partially Privatized Firms [J]. Journal of Financial Economics. 2007 (84): 330 -357.

⑦ Kellogg, R., Accounting activities, security prices, and class action lawsuits [J]. Journal of Accounting and Economics. 1984 (6): 185 -204.

⑧ Francis, J., Philbrick, D., Schipper, K., Shareholder litigation and corporate disclosure [J]. Journal of Accounting Research. 1994. 32 (2): 137 -164.

Skinner 等，1994[①])。La Porta 等（2000)[②] 从投资者保护视角研究财务会计系统，研究表明财务会计系统关于会计信息披露的规定，有利于投资者获取进行投资决策所需要的信息。Bushman 和 Smith（2001)[③] 发现会计信息是管理层争取股东支持的重要手段，管理层通过盈余管理提高业绩，向股东传递利好消息以获取股东的支持，从而继续留任。

（2）会计信息质量的影响因素。国内外的研究文献关于会计信息质量的影响因素主要集中在公司治理、股权结构、管理层持股和避税四个方面。

①公司治理。Dechow 和 Sloan（1995)[④] 对研究样本进行分析，指出公司操纵会计信息，表现为内部审计委员会失去效用，而管理层控制董事会成员的概率很大。结果表明：第一，内部审计委员会中董事的比例与会计信息质量负相关，内部审计委员会中董事比例越高，会计信息质量越低；内部审计委员会中董事比例越低，会计信息质量越高。第二，董事会人数与会计信息质量负相关，董事会人数越多，会计信息质量越低；董事会人数越少，会计信息质量越高。第三，外部董事持股比例与会计信息质量正相关，外部董事持股比例越高，会计信息质量越高，外部董事持股比例越低，会计信息质量越低，说明外部董事能够抑制管理层盈余管理。Peasnell 等（2000)[⑤] 也发现外部董事与会计信息质量相关，外部董事可以有效抑制管理层操纵会计信息。Chtourou 等(2000)[⑥] 研究表明董事会特征与会计信息质量显著相关，内部董事占董事会比例与管理层盈余管理程度正相关，即内部董事占董事会比例越高，管理层盈余管理程度越高；董事长与总经理是否同一人兼任与管理层盈余管理程度正相关，即董事长与总经理是同一人兼任比不是一人兼任管理层盈余管理程度高；公司是否设立内部审计委员会与管理层盈余管理正相关，即公司不设立内部审

---

① Skinner, D., Why firms voluntarily disclose bad news [J]. Journal of Accounting Research. 1994 (32): 38 -60.

② La Porta, R, Lopez - de - Silanes, F., Shleifer, A. et al. Investor Protection and Corporate Governance [J]. Journal of Financial Economics. 2000. 58 (1): 3 -27.

③ Robert M. Bushman and Abbic J. Smith. Financial Accounting Information and Corporate Governance [J]. Journal of Accounting and Economics. 2001 (32): 237 -333.

④ Dechow, P., Sloan and A. Sweeney . Detecting Earnings Management [J]. The Accounting Review. 1995 (70): 193 -225.

⑤ Peasnell, K. V., Pope, P. F., Young, S. Detecting earnings management using cross - sectional abnormal accruals models [J]. Accounting and Business research. 2000. 30 (4): 313 -326.

⑥ Chtourou, S. M, Bedard, J., Courteau, L. Corporate governance and earnings management. Working Paper, 2000.

计委员会比设立管理层盈余管理程度高。Klein (2002)[①] 通过实证检验得出结论，内部审计委员会的独立性与管理层盈余管理程度负相关，即内部审计委员会独立性越强，越会抑制管理层操纵会计信息，盈余管理程度越低。独立董事占内部审计委员会比例与盈余管理程度负相关，当独立董事占内部审计委员会比例低于51%时，两者显著性更强。蔡宁 (2003)[②] 对我国上市公司进行实证分析，表明董事人数、股权集中度与管理层操纵会计信息存在显著正相关关系。陈汉文和夏文贤 (2003)[③] 将独立董事制度分为内部和外部两个视角，研究了独立董事制度与会计信息质量的关系，我国上市公司设立独立董事制度能够有效抑制管理层操纵会计信息。许波 (2005)[④] 研究表明内部治理结构和外部治理结构都会影响管理层盈余管理。

②股权结构。Salamon 和 Smith (1979)[⑤] 提出股东控制程度显著影响公司会计信息质量，股东控制程度越高，公司盈余管理程度越高会计信息质量越低。McKinnon 和 Dalimunthe (1993)[⑥] 提出，机构持股比例越高，会计信息质量越高，公司更倾向于自愿披露会计信息。Mitchell 等 (1995)[⑦] 研究结果表明，股权结构集中的公司相比股权结构分散的公司会计信息披露不充分。La Porta 等 (1998)[⑧] 得出同样的结论，股权集中度与会计信息质量存在显著负相关关系。股权结构集中的公司相比股权结构分散的公司，更容易发生财务舞弊行为。Fan 和 Wong (2002)[⑨] 从国际视角实证检验了股权结构与会计信息质

---

① April Klein. Audit committee, board of director characteristics, and earning management [J]. Journal of Accounting and Economics. 2002 (33): 375 -400.

② 蔡宁. 会计准则制订——以规则为基础，还是以原则为基础 [J]. 财务与会计，2003 (10): 21 -22.

③ 陈汉文，夏文贤. 独立董事制度与会计信息质量控制——利用博弈理论进行的解释 [J]. 厦门大学学报（哲学社会科学版），2003 (5): 94 -100.

④ 许波. 公司治理结构与盈余管理模式的互动分析 [J]. 中央财经大学学报，2005 (1): 52 -55.

⑤ Salamon, G. L., Smith, E. D. Corporate control and managerial misrepresentation of firm performance [J]. The Bell Journal of Economics. 1979: 319 -328.

⑥ McKinnon, J. L, Dalimunthe, L. Voluntary disclosure ofsegment information by australian diversified companies [J]. Accounting and Finance. 1993. 33 (1): 33 -50.

⑦ Mitchell, J. D., Chia, C. W. L., Loh, A. S., Voluntary disclosure of segment information: Further Australian evidence [J]. Accounting and Finance. 1995. 35 (2): 1 -16.

⑧ La Porta, R., Lopez - de - Silanes, R, Shleifer, A. 等 Law and Finaiice [J]. Journal of Political Economy. 1998. 106 (6): 1113 -1155.

⑨ Fan, J. R H., Wong, T. J. Corporate Ownership Structure and the Informativeness of Accounting Earnings in East Asia [J]. Journal of Accounting and Economics. 2002. 33 (3): 401 -425.

量的关系。以东南亚国家上市公司为样本进行检验发现，大股东持股比例与盈余信息含量存在负相关关系，即大股东持股比例越高，盈余信息含量越低，会计信息质量越高。以韩国上市公司为样本进行检验发现当控股股东兼任 CEO 时，大股东持股比例与盈余信息含量存在正相关关系，即大股东持股比例越高，盈余信息含量也越高，会计信息质量越低。Leuz 等（2003）[①] 提出大股东持股比例越高，越不利于公司治理发挥效用，由于大股东相对外部投资者掌握更多信息，加剧了信息不对称，因此得出结论，大股东持股比例越高，公司越容易发生盈余管理行为，会计信息质量越低。Laeven 和 Levine（2009）[②] 进一步分析，相对股权结构集中的公司，股权机构均衡的公司发生盈余管理的概率较小，会计信息质量相对较高，不会加剧信息不对称，大股东侵占其他股东的比率较低。刘立国和杜莹（2003）[③] 对我国 1994—2002 年财务舞弊的上市公司进行实证分析，结果发现股权结构与上市公司财务舞弊相关，即法人股持股比例与财务舞弊正相关，流通股比例与财务舞弊负相关；董事会结构与上市公司财务舞弊相关，即执行董事占董事会比例与财务舞弊正相关，内部董事占董事会比例与财务舞弊正相关。

③管理层持股。关于管理层持股与会计信息质量的关系主要有两种观点：一种观点认为实施管理层股权激励，会加速管理层盈余管理，降低会计信息质量。Bushman 和 Smith（2001）对管理层现金收入与企业利润和股东权益进行相关性分析，发现管理层收入和企业利润与股东权益正相关，表明会计信息反映了管理层的业绩，但是容易出现管理层的短期行为导致管理层盈余管理。Goldman and Slezak（2006）[④] 进一步研究发现管理层股权激励具有双面性，既可以提高管理层积极性努力提高股东权益，又容易导致管理层盈余操纵。武晓玲、杜国柱和翟明磊（2010）[⑤] 从盈余价值相关性研究了股权结构、董事会特征以及管理层薪酬激励与盈余质量的关系，结果显示单一的管理层股权激励会

---

① Leuz, C., Nanda, D., Wysocki, P. D. Earnings management and investor protection: an international comparison [J]. Journal of Financial Economics. 2003. 69 (3): 505 - 527.

② Laeven, L., Levine, R. Bank governance, regulation and risk taking [J]. Journal of Financial Economics. 2009. 93 (2): 259 - 275.

③ 刘立国，杜莹. 公司质量与会计信息质量关系的实证研究 [J]. 会计研究，2003 (2): 28 - 36.

④ Goldman, E. and S. Slezak, An equilibrium model of incentive contracts in the presence of information manipulation [J]. Journal of Financial Economics. 2006 (80): 603 - 626.

⑤ 武晓玲，杜国柱，翟明磊. 公司治理结构对会计盈余质量的影响研究——基于沪深 A 股上市公司的实证数据 [J]. 山西财经大学学报，2010 (10): 117 - 124.

导致管理层操纵会计信息，降低盈余质量。同时，股权制衡、独立董事制度和设立审计委员会都会提高公司信息质量。另一种观点认为管理层持股会提高会计信息质量。Warfield 等（1995）① 认为管理层持股比例越高，越会降低管理层与股东之间的代理冲突，管理层不容易发生盈余管理行为。Rajgopal 等（1999）② 研究发现管理层持股的公司，如果机构投资者持股比例高，会有效抑制管理层的短期行为，降低管理层盈余管理行为的动机，提高会计信息质量。原因在于机构投资者掌握大量内部信息，相对于管理层具有优势，管理层不容易通过盈余管理提高公司短期业绩，而倾向于股东利益的长期发展。袁知柱和鞠晓峰（2009）③ 以2000—2005年上市公司数据为样本，从五个方面分析了公司治理因素与股价信息含量的相关性。结果表明第一，控股股东持股比例与股价信息含量呈倒"U"型关系。第二，双重上市、股权制衡、独立董事比例、董事会规模、股东和董事会年度会议次数与股价信息含量显著正相关。第三，管理层持股比例与股价信息含量存在显著正相关关系，管理层持股比例越高，上市公司股价信息含量越高。田存志和吴新春（2010）④ 实证检验了股权、管理层激励与信息非对称之间的关系。研究结论显示内部人员掌握大量信息，会增加交易的信息不对称，因此机构投资者、股权集中度与信息不对称负相关。公司对管理层进行激励在一定程度上会减少信息不对称，同时公司对管理层进行股权激励相对于薪酬激励，会更大程度影响信息不对称，降低信息不对称。此外，我国学术界还有不同的观点。杜兴强和周泽将（2007）⑤ 通过实证检验了公司治理各要素对会计信息质量的影响，发现股东大会和董事会会议次数与盈余管理程度正相关，管理层持股比例、两职分离与否、债务治理机制、独立董事比例以及法律环境对盈余管理程度并无显著影响。

④避税。公司从事各种形式的税务筹划减少预期税收负担。然而，这些预期利益会带来相应成本，成本包括人力成本和信息获取成本，以及源于与税务

---

① Warfield, T. D, Wild, J. J" Wild, K. L. Managerial Ownership, Accounting Choices, and Informativeness of Earnings [J]. Journal of Accounting and Economics. 1995. 20 (1): 61 -91.

② Rajgopal, S., Venkatachalam, M., Jiambalvo, J. Is Institutional Ownership Associatedwith Earnings Management and the Extent to Which Stock Price Reflect FutureEarnings? Working Paper, 1999.

③ 袁知柱，鞠晓峰．制度环境、公司治理与股价信息含量［J］．管理科学，2009（1）：17 -29.

④ 田存志，吴新春．公司股权和管理层激励对信息非对称程度的影响研究［J］．南开管理评论，2010（4）：28 -34.

⑤ 杜兴强，周泽将．上市公司中期财务报告自愿审计的公司治理动因——基于深圳证券市场的经验证据［J］．上海立信会计学院学报，2007（2）：53 -60.

当局的交互谈判和惩罚的预期成本。Karthik Balakrishnan（2012）[①] 检验了税务筹划成本与财务透明度，激进的税务行为可以提高组织的复杂性，也可以反过来降低财务透明度。税务筹划预期为母公司节省税金，同时增加财务和组织的复杂性，并且在某种程度上，这个更大的复杂性不能充分与外部相关者沟通，如股票投资者、债权人、分析师，透明度问题就可能出现。Bushman、Chen、Engel 和 Smith（2004）[②]提出了公司运营复杂性影响财务透明度，会引起公司采取套利行为。例如，企业使用复杂的转移定价方案将利润转移到低税率管辖区域时，管理层可能会增加财务报告信息披露内容来展示财务报告的透明度，而不公提供税务激进行为的信息披露内容。特别是，尽管税务机关要求公司披露关于其他税收管辖区的重要运管细节，但是管理层担心会引起税务机关稽查，可能不会完全披露子公司信息。因此，当激进的税务行为增加财务和业务的复杂性时，管理层披露的信息内容透明度可能会降低。Frank、Lynch 和 Rego（2009）[③] 定义了激进的税务报告，即通过税务筹划向下操纵应税收入，可能会也可能不会被认为是欺诈逃税。然而，Slemrod（2004）认为税务激进度是一个更具体的活动，包括很多交易，而这些交易的主要目的是降低公司的税收负担。Karthik Balakrishnan 等（2019）[④] 定义税务激进公司即考虑行业和规模支付异常低的税金。衡量税务激进度不依赖于任何特定的税务筹划技术，认为一切平等，类似的公司应该有类似的税务筹划时机。此外，在相似筹划机会的公司中，较低税收负担的企业被认为税务行为更加激进。税务激进公司具有较低的财务透明度。具体来说，具有异常低的税收负担或更多“避税港”运营的公司有较大的分析师预测错误，更大的分析师预测离差和更高的买卖价差逆向选择。税务激进公司也表现出较低的收益质量。Karthik Balakrishnan 等人研究预计，激进的税务筹划将增加信息的不确定性和信息不对称性，而且会降低财务报告的质量（尽管管理层努力增加税务筹划披露），构建三个方面的透明度指标。使用完全分析师预测误差和离散作为信息不确定性的替代指标。

---

① Karthik Balakrishnan, Jennifer L. Blouin and Wayne R. Guay. Does Tax Aggressiveness Reduce Corporate Transparency? Working paper. 2012.

② Bushman, R., Chen, Q., Engel, E., Smith, A., Financial accounting information, organizational complexity and corporate governance systems [J]. Journal of Accounting 和 Economics. 2004 (37): 167 - 201.

③ Frank, M, Lynch, L -, Rego, S., Tax Reporting Aggressiveness and Its Relation to Aggressive Financial Reporting [J]. The Accounting Review. 2009. 84 (2): 467 - 496.

④ Karthik Balakrishnan, Jennifer L. Blouin and Wayne R. Guay. Tax Aggressiveness and Coroprate Transparency [J]. The Accounting Review. 2019. 94 (1): 45 - 69.

（3）会计信息质量的衡量指标。近年来，大量的实证文献主要将财务报告透明度和盈余质量作为会计信息质量的衡量指标。采用财务报告透明度作为会计信息质量衡量指标的文献主要有：Bhattacharya 等（2003）[①] 用盈余激进度（Earnings Aggressiveness）、损失规避度（Loss Avoidance）和盈余平滑度（Earnings Smoothing）三个指标以及三个指标的加总来衡量财务报告透明度。我国学者在此基础上将盈余激进度和盈余平滑度作为财务报告透明度的替代变量（杨之曙和彭倩，2004[②]；曾颖和陆正飞，2006[③]）。关于盈余质量作为会计信息质量衡量指标的研究，从应计盈余管理角度上看，盈余信息包括现金信息和应计项目信息两大类。应计项目一般又分为两大类，即非操控性应计项目和可操控性应计项目。因此，衡量盈余质量的替代变量可以分为现金流量、非操控性应计项目和可操控性应计项目。大量的实证文献都以现金流量、非操控性应计项目和可操控性应计项目之间的关系构建模型检验盈余质量，进而评价会计信息质量。第一，直接测度模型。一种是将经营现金流量和盈余进行比较得出的比率作为盈余质量的计算模型。经营现金流量与盈余的比率越大，盈余质量越高，反之亦然。另一种是将总应计项目变化率作为盈余质量的计算模型。总应计项目变化率越大，盈余质量越高，反之亦然。第二，操控性应计项目模型。将操控性应计项目作为盈余质量的计算模型。操控性应计项目越小，盈余质量越高；操控性应计项目越大，盈余质量越低。Jones（1991）[④] 在 Healy 模型（Healy，1985）基础上，将总应计项目分为可操控应计项目和非可操控应计项目，提出公司的应计项目、收入和资产同步变化，如果发生了收入、资产变化而应计项目异常变化的情况，说明发生了盈余管理，异常应计项目越多，盈余质量越低，异常的应计项目越少，盈余质量越高，即 Jones 模型。Dechow 等（1995）[⑤] 对 Jones 模型进行了修正，将 Jones 模型中的假设条件“管理层没有操纵收入”进行改进，因为实际上管理层会对应收账款净值的变化所带来的收入进行盈余管理，从而操纵收入，即修正 Jones 模型。后来的学者对

---

① Bhattacharya，U.，H. Daouk，and M. Welker. The world price of earnings opacity [J]. The Accounting Review. 2003（78）：641 - 678.

② 杨之曙，彭倩. 中国上市公司收益透明度实证研究 [J] 会计研究，2004（11）：62 - 70.

③ 曾颖，陆正飞. 信息披露质量与股权融资成本 [J]. 经济研究，2006（2）：69 - 79.

④ Jones. J. J. Earnings Management during importreliefinvestigations [J]. Journal of Accounting Research. 1991（29）：193 - 228.

⑤ Dechow，P.，Sloan and A. Sweeney. Detecting Earnings Management [J]. The Accounting Review. 1995（70）：193 - 225.

Jones 模型和修正 Jones 模型进行扩展，添加一些控制变量，称为扩展 Jones 模型。陆建桥（1999）[①] 将无形资产和其他长期资产纳入自变量，提出无形资产和其他长期资产会对非操控性应计项目产生影响。第三，应计项目转换现金流量程度模型。将应计项目与现金流量的关系作为衡量盈余质量的模型。应计项目转换成现金流量的程度越高，盈余质量越高；应计项目转换成现金流量的程度越低，盈余质量越低。Dechow 和 Dichev（2002）[②] 检验了当期的营运成本与前一期、当期和下一期的经营现金流量的相关性，将残差或残差的标准差作为盈余质量的替代变量，衡量盈余质量的高低，即 DD 模型。Rajgopal 和 Venkatachalam（2008）[③] 采用了 DD 模型计算的残差测度会计信息质量，实证检验会计信息质量与股票回报率的关系。McNichols（2002）[④] 在 Jones 模型和 DD 模型的基础上，对 DD 模型进行修正，在自变量中加入了收入和固定资产净值的变化，即修正 DD 模型。Verdi（2006）[⑤] 采用修正 DD 模型计算的残差测度会计信息质量，实证检验会计信息质量与企业投资效率的关系。从应计与真实盈余管理角度上看，公司会同时采用两种方式进行盈余管理，即应计盈余管理与真实盈余管理。真实盈余管理是管理层利用偏离正常经营活动的行为，使股东认为公司从事正常经营活动达到预定目标。Gunny（2005）[⑥] 研究表明真实盈余管理与未来经营业绩存在负相关关系。Roychowdhury（2006）[⑦] 指出公司会利用真实盈余管理方式操纵会计信息，尤其是在公司为了避免亏损的前提下操纵利润，以及为了避税而利用真实盈余管理操纵应税收入。Zang（2007）[⑧] 研究发现公司会选择性利用真实盈余管理或应计盈余管理操控会计信息。Cohen

---

① 陆建桥．中国亏损上市公司盈余管理实证研究［J］．会计研究，1999（9）：25－34.

② Dechow, P. M., Dichev, D. The quality of accruals and earnings: the role of accrual estimation errors [J]. The Accounting Review. 2002 (77): 35－59.

③ Rajgopal, S., Venkatachalam, M. Financial reporting quality and idiosyncratic return volatility over the last four decades. Working Paper. 2008.

④ McNichols, M, F. The Quality of Accruals and Earnings: The Role of Accrual Estimation Errors [J]. Accounting Review. 2002. 77 (1): 61－69.

⑤ Verdi, R. S. Financial Reporting Quality and Investment Efficiency, Working Paper. 2006.

⑥ Gunny, K. A. What are the consequences of real earnings management? . Working Paper. 2005.

⑦ Roychowdhury, S. Earnings Management through Real Activities Manipulation [J]. Journal of Accounting and Economics. 2006. 42 (3): 335－370.

⑧ Zang, A. Y. Evidence on the Tradeoff between Real Manipulation and Accrual Manipulation.. Working paper. 2007.

等（2008）[①] 研究了“萨班斯－奥克斯利法案”实施前后公司采用盈余管理方式的变化。结果表明，萨班斯－奥克斯利法案实施之前公司以增加应计盈余管理为特征，在发生舞弊丑闻之后达到顶峰，而真实盈余管理下降。同时，在“萨班斯－奥克斯利法案”实施之前应计盈余管理增加与管理层股权激励相关。“萨班斯－奥克斯利法案”实施之后公司应计盈余管理水平下降，真实盈余管理水平提高，同时管理层股权激励减少。

2.4 研究述评

综上所述国内外有关股权激励、税务激进度与会计信息质量的研究已经取得了丰硕的成果。学者们已经开始关注股权激励与税务激进行为对会计信息质量的影响，国内外的研究文献为本书的研究积累了丰富的成果和奠定了坚实的基础。但是现有的研究文献还存在以下不足：

第一，国内外文献大部分是从股权激励是否会引起管理层操纵会计信息，以及在股权结构、董事会特征等角度，研究股权激励与管理层操纵会计信息的关系。前期的研究文献假设股权激励与会计信息质量的相关性，结论并不一致，发现两者呈正相关、负相关或是不相关。现有文献直接对股权激励与会计信息质量之间的关系进行研究往往并不全面，从股权结构、董事会特征等代理因素进行研究，也缺乏全面有效的理论框架对其进行解释。因此，从微观层面对股权激励的效应进行深入研究，股权激励通过“避税”的桥梁实现对会计信息的影响以及作用机理为本书的研究提供新的思路。

第二，国内外现有的关于避税与会计信息质量的研究，通过递延所得税资产和递延所得税负债操控财务信息进行盈余管理，鲜有从委托代理框架下，分析避税行为产生的管理层与股东之间的代理问题。近年来，国外的文献基本上以美国上市公司为研究数据，从委托代理角度研究税收问题。国内将代理问题与税收问题结合研究影响会计信息的文献不多，没有过多涉及管理层股权激励

① Cohen, D. A., Dey, A., Lys, T. Z. Real and Accrual - Based Earnings Management in the Pre - and Post - Sarbanes - Oxley Periods [J]. The Accounting Review. 2008. 83 (3): 757 - 787.

产生的自利动机导致避税与会计信息质量的权衡。管理层利用信息不对称，通过复杂的税务激进行为实现自利目的，融合委托代理框架，权衡盈余管理产生的会计利润，为本书研究税务激进行为与会计信息质量的关系提供了启示。

第三，国内对于税务激进行为的研究文献较少。国外关于税务激进行为的文献大多研究税务激进行为的影响因素，以及产生的后果。税务激进行为实际上是一种代理问题。管理层自利行为是影响公司进行税务激进行为的主要因素，通过采取激进的税务行为获得额外利益。现有文献鲜有研究从管理者层面激励角度，检验激励效用对激进的税务筹划行为的作用激励与效果。同时，不同产权性质的企业，委托代理关系不同，管理层在公司的经营活动中考虑的角度也有差异，管理层的税务激进行为受哪些因素影响，是否与管理层的薪酬存在一定联系，实施税务激进行为之后影响哪些方面，包括信息透明度、财务舞弊等，都是值得进一步探讨的问题。

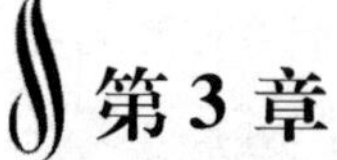

第3章 股权激励、税务激进行为和会计信息质量的理论基础

3.1 委托代理理论

委托代理关系是由美国经济学家Berle和Means于1933年提出的，认为企业所有者兼任经营者存在很大弊端，因此提出所有权与经营权分离。20世纪60年代至70年代，一些经济学家在深入研究信息不对称和激励问题的基础上，开创了委托代理理论（主要代表人物有：Mirrless、Akerlof、Spence和Stiglitz）。委托代理理论的模型方法主要包括：①Wilson（1969）、Spence和Zeckhauser（1971）、Ross（1973）提出的状态空间模型化方法。②Mirrlees（1974，1976）、Holmstrom（1979）[①]提出的分布函数的参数化方法。③Giesdal（1985）提出的一般分布方法。由于事前或者事后的信息不对称，代理人可能不以委托人的利益最大化为目标，即委托人和代理人的目标可能出现不一致，这时代理人会掌握大量内部信息，其为了追求自身利益最大化进而侵蚀委托人的利益。委托人为了解决代理关系会对代理人进行激励，进而实现委托人与代理人的目标一致，同时委托人会监督代理人的决策，调动代理人积极性。

---

① Holmstrom, B., Moral Hazard and Observability [J]. The Bell Journal of Economics. 1979. 10 (1): 74 - 91.

委托人和代理人之间会产生代理成本。Jensen 和 Meckling（1976）[①] 提出当管理层没有或拥有很少公司股份时，很容易为了自己利益最大化而产生代理问题，造成工作缺乏积极性。随着现代企业两权分离，尤其是一些上市公司股东与管理层过度分离，造成管理层做出决策时没有过多考虑股东利益，不利于公司经营，导致代理成本增加。Wilson 和 Mueller（1969）[②]表明在股东与管理层过度分离的情况下，管理层会考虑自身报酬而盲目扩大公司规模。Fama 和 Jensen（1983）[③] 提出公司为了避免所有权与经营权分离造成管理层侵蚀股东利益的行为，应当建立决策管理和决策控制两个独立体系，对决策的提出与批准、执行与监督进行相互制衡，以避免管理层做出不利于股东的决策。在所有权与经营权分离的条件下，为了降低代理成本，公司可以设计对管理层的激励与约束计划，结合经理人市场激烈的竞争，公司可以构建治理机制，强化董事会的作用，改进和完善股东对管理层的监督和评价机制。此外，公司可以对管理层实施股权激励，让管理层获得公司股权成为股东，管理层获得股权激励实际上是将所有权与经营权有机契合，代理成本大大降低甚至消除。对管理层实施股权激励，管理层拥有了公司的权益，包括特定控制权与剩余控制权，代理成本减少，并且可以调动管理层积极性，为公司发展提供新的契机。

3.2 不完全契约理论

1937 年，Ronald H. Coase 在《企业的性质》中建立了交易成本范畴，提出了现代企业理论，作为契约理论的先驱理论。契约从本质上说是约束双方行为的有限条件，在经济活动中起非常重要的调节作用。Arrow - Dubren 在一般均衡模型中提出所有契约的内容都包含价格和数量，契约是在不受干扰的条件

---

① Jensen, M. C., Meckling, W. Theory of the Firm: Managerial Behavior, Agency Costs and Ownership Structure [J]. Journal of Financial Economics. 1976. 3 (4): 305 -360.

② Wilson R H, Mueller W A. A New Method of Stock Control [J]. Harvard Business Review. 1969. 5 (2): 197 -205.

③ Fama, E. F., Jensen, M. C. Separation of Ownership and Control [J]. Journal of Law and Economics. 1983. 26 (2): 301 -325.

下进行的，所有双方达成的契约实际上都是满足各自的需求达到供求平衡的，因此在签订契约之后双方都会严格执行契约的内容条款。在一般均衡模型中契约是完全的，假设条件非常严格包括完全理性、全面信息、信息对称和交易成本为零。然而，一般均衡模型中契约的假设条件与真实的情况不同。如果达不到契约假设条件的任何一个，那么契约就是不完全的。

Grossman 和 Hart（1986）①、Hart 和 More （1990）② 创立了不完全契约理论，假设条件是契约不完全，最终达到财产权和剩余控制权最优配置。不完全契约理论是激励理论的基础，是研究公司治理结构中控制权如何配置的前提。不完全契约理论形成了两个主要学派，即交易费用和产权理论。交易费用学派的观点认为契约具有事后适应性，最优资源配置选择应当是事前和事后交易成本最低。产权理论学派的观点认为契约具有事前激励性，可以通过机制对事前激励进行有效资源配置进而保证契约实施。由于完全契约的假设条件与现实不符，契约双方也可能利用其不完全性进行自利行为，不能满足完全理性、全面信息、信息对称和交易成本为零等条件，因此不完全契约理论中的契约应当基于交易成本最低，并且涵盖各方当事人的意愿，同时能够适应各种预期与突发事项。因此，契约体现事前激励和事后适应的特点，是能够保障有效投资起到激励作用以及事后适应未知情况的工具。

3.3 博弈理论

1944 年，冯·诺依曼和奥·摩根斯坦发表《博弈论与经济行为》，以此为标志博弈论诞生了，将两人博弈推广到 n 人博弈，并在经济领域得到了迅速发展，奠定了研究的理论基础与建立了理论体系。博弈论是一种方法论，基于经济学，强调个人理性方面的一致性，从而在经济领域得到广泛的应用。经济学家在博弈论发展方面的贡献非常大，20 世纪 70 年代中期经济学

---

① Grossman, S., Hart, O. The Costs and benefits of Ownership: A Theory of Vertical and Lateral Integration [J]. Journal of Political Economy. 1986. 94 (4): 691 - 719.

② Hart, O. and J. More, Property Rights and the Nature of the Firm [J]. Journal of Political Economy. 1990 (98): 1119 - 1158.

研究更加关注个人效用，以及人与人之间的关系和信息不对称对个人选择与制度安排的影响，应用博弈论工具的经济模型得以发展。20 世纪 80 年代中期，博弈论进入主流经济学。“博弈”的意思是在下棋的对局中想尽一切办法求得胜利。推而广之，在多人参与的一个活动中，由各自策略形成的求其最大利益的相互依存关系，称为“博弈”。一般而言，博弈可以分为四类，包括完全信息静态博弈、完全信息动态博弈、不完全信息静态博弈和不完全信息动态博弈。完全信息博弈指博弈中参与人对所有其他参与人的偏好函数有完全的了解，并且偏好函数是所有参与人的共同知识的博弈。反之，不满足完全信息博弈假设为不完全信息博弈。与四种类型博弈相对应的均衡包括纳什均衡、子博弈精炼纳什均衡、贝叶斯纳什均衡和精炼贝叶斯纳什均衡。纳什在《n 人博弈的均衡点》（1950 年）和《非合作博弈》（1951 年）提出了纳什均衡的概念和均衡存在定理。纳什均衡是博弈解的概念，可以对非常广泛类型的博弈做出较为严格的预测。所谓纳什均衡是一种博弈状态，在该状态下每一个参与人选择的战略必须是针对其他参与人选择战略的最优反应，这种参与人的战略组合可以称为战略稳定或自动实施，因为没有参与人愿意独立放弃他所选择的战略。

管理层激进的财务行为和税务行为虽然是一种技术操作，但实质上是管理层自利行为追求利益最大化与股东追求自身利益最大化的博弈。奥尔森在《集体行动的逻辑》（1965 年）提出由于“搭便车”行为的存在，理性、自利的个人一般不会为争取集体利益做贡献。个人为了追求自身利益最大化往往会侵蚀集体利益，如果平衡了个人与集体利益的矛盾，则选择性激励发挥有效作用。选择性激励可以使个体理性经济人争取集体利益。

3.4　激励理论

激励是指组织通过设计适当的外部奖酬形式和工作环境，以一定的行为规范和惩罚性措施，借助信息沟通来激发、引导、保持和归化组织成员的行为，以有效实现组织及其成员个人目标的系统性活动。激励的目的是通过一定方式促进被激励对象努力完成目标任务，以获得外部报酬为动机，发挥积极性与创造性，达到自身利益最大化。从 Frederick Taylor 的科学管理理论开始，激励问题的研究得到很大发展，逐渐形成了激励理论。Frederick Taylor 的研究表明可以采用金钱方式进行激励，以促进被激励对象的积极性，在这种方式下，代理人应是理性经纪人，代理人依靠金钱刺激提高积极性，目的是追求自身利益最大化。随后，Lawel（1970）进一步研究发现，金钱具有激励效用必须满足三个条件，即激励数额大、代理人有能力完成工作业绩、代理人完成后能获得金钱。20 世纪初，以管理学为基础研究激励理论，在激励理论和实践上都有质的飞越，许多管理学家、心理学家结合管理理论提出了管理激励理论。管理激励理论是通过研究激励的影响因素，以人为基础，探索激励的过程以及效应，达到最优激励方法以最大限度提高被激励对象的积极性。管理激励理论按照不同角度以及形成时间分为内容激励理论、过程激励理论、行为改造激励理论、综合激励理论和权变激励理论，如表 3.1 所示。

表 3.1 管理激励理论

类别	研究内容	主要理论	观点
内容激励理论	激发动机的诱因	Abraham Harold Maslow 的需求层次论	人的需要分为七个层次，由低到高的需要为：生理、安全、友爱与归属、尊重、求知、求美和自我实现。当下一级需要获得基本满足以后，追求上一级的需要就成了驱动行为的动力
		Frederick Herzberg 的双因素论	只有那些被称为激励因素的需要得到满足时，人的积极性才能最大程度发挥出来。在缺乏保障因素的情况下，激励因素的作用也不大
		David C. McClelland 的成就需要激励理论	在人的生存需要基本得到满足的前提下，成就需要、权利需要和合群需要是人的最主要的三种需要。成就需要的高低对一个人、一个企业发展起着特别重要的作用
		C. P. Alderfer 的 ERG 理论	职工的需要有三类：生存的需要（E）、相互关系需要（R）和成长发展需要（G）。各个层次的需要得到满足越少，越为人们所渴望
过程激励理论	从动机的产生到采取行动的心理过程	V. H. Vroom 的期望理论	人们之所以采取某种行为，是因为他觉得这种行为可以有把握达到某种结果，并且这种结果对他有足够的价值

续表

类别	研究内容	主要理论	观点
过程激励理论	从动机的产生到采取行动的心理过程	House 的激励力量理论	强调任务本身效价的内在激励因素，突出了完成任务内在的期望值和效用，兼顾了因任务完成而获取外在奖励所引起的激励
		Locke 和 Latham 的目标激励理论	以绩效为基础的激励计划作为核心，必须根据具体性、难度和认同三个标准对目标进行设置
		Adams 的公平理论	工资报酬分配的合理性、公平性及其对职工生产积极性的影响
行为改造激励理论	研究激励的目的，即改造、修正行为	B. F. Skinner 的强化理论	以学习的强化原则为基础的关于理解和修正人的行为的一种学说。根据强化的性质和目的，可把强化分为正强化和负强化
		Heider 的归因理论	研究个人用以解释其行为原因的认知过程，即研究人的行为受到激励是“因为什么”的问题
综合激励理论	综合性激励理论是前面理论的综合、概括和发展	K. Lewin 的场动力理论	人的行为方向决定于内部系统的需要的强度与外部引线之间的相互关系
		Lyman W. Poter 和 Edward Laculer 的新综合型激励理论	激励过程可以看作外部刺激、个体内部条件、行为表现、行为结果相互作用的统一过程
权变激励理论	考虑企业系统内外诸多权变影响因素，制定出科学合理的股权激励体系		

3.5　信息不对称与信号传递理论

信息不对称理论提出委托人与代理人在掌握信息方面有差别，代理人掌握大量内部信息，而委托人却不能掌握或者掌握少量信息。委托人与代理人在掌握信息不对称的情况下想要达到利益最大化，就需要契约解决激励相容或一致性问题。代理人愿意接受契约就能够形成一致性的信息机制，此时委托人可以通过契约实现利益最大化。传统经济学假设理性经济人能够获得完全信息，但经济人具有完全信息显然与现实生活不符，因为市场主体不可能获得完全信息。信息不对称使委托代理关系不能平衡，必然导致拥有信息优势的一方为了获取最大利益而损害处于信息劣势的一方利益，就可能产生逆向选择或道德风险。逆向选择是指代理人利用比委托人获得更多信息的优势谋取额外利益。道德风险是指代理人利用隐蔽的信息侵蚀委托人的利益，而委托人无法掌握足够的内部信息致使不能获知代理人的行为。

信息不对称产生了逆向选择和道德风险，为了平衡委托代理关系，解决逆向选择与道德风险，经济学家提出了很多对策理论，信号传递理论和信号甄别理论就是典型的对策理论。信号传递理论指掌握内部信息的一方为信号发送者，将信息发送给掌握公共信息的一方信号接受者。信号甄别理论是信号接受一方利用各种方法促使信号发送者发布掌握的内部信息。信号传递理论与信号甄别理论是解决逆向选择的对策。1974 年，Michael Spence 在《市场信号：雇佣过程中的信号传递》中开创性提出了信号传递理论，分析在劳动力市场上雇主与雇员的信息不对称，雇主无法了解雇员是否有能力胜任工作，即雇主在事前确定工资水平等条件时无法掌握雇员信息，因而提出教育经历可以作为“信号传递”的方式解决雇主与雇员信息不对称问题，并发挥作用。在劳动力市场掌握信息优势的雇员通过何种方式将掌握的信息传递给处于信息劣势的雇主，从而实现市场的有效均衡，以此开拓了信号传递理论。信号传递是可以解决逆向选择问题的一种有效方法。信号传递理论应用于会计领域，大量掌握内部信息的管理层比起处于信息劣势的股东处于优势地位，股东无法得知公共信息，只能观察管理层做出决策的行为，从而做出有利于自己利益最大化的选择。财务报告能够起到信号传递的作用。公司充分披露财务报告信息向市场传递利好信号，市场也会积极做出反应。投资者对不同企业的信息做出评价，选择有利的投资对象，实现资源最优配置。

第 4 章 股权激励与税务激进行为的实证检验

避税作为企业的决策可以实现股东利益最大化。从股东的角度考虑，为了实现税后利益最大化，可能会采用一些激励方式敦促管理层进行避税；从管理层的角度考虑，理性的管理层不会做出激进的税务行为，如果管理层通过税务激进行为能够达到股东利益最大化并且自身也同样获得收益，则管理层会从事更多的激进行为。本章分析了我国上市公司管理层股权激励对税务激进行为的影响。首先分析了股权激励与税务激进行为的关系，然后从所有权性质角度分别就国有控股和非国有控股两方面对股权激励与税务激进行为的关系的影响进行分析。本章在相关文献的基础上提出研究假设，并建立实证模型检验股权激励对税务激进行为的影响。

4.1　问题提出

Shevlin（2007）提出为什么有些公司比其他公司税务激进度更高。已有的研究发现，公司的避税行为与某些公司属性相关，包括盈利程度、国外分布、无形资产、研发支出、杠杆作用和财务报告激进度（Gupta 和 Newberry，

1997[①]；Rego，2003[②]；Graham 和 Tucker，2006[③]；Frank、Lynch 和 Rego，2009[④]；Wilson，2009[⑤]）。Dyreng、Hanlon 和 Maydew（2010）[⑥] 得出结论，管理层会影响公司的避税行为，甚至在控制很多公司特征之后结论依然如此。已有的研究也检验了所得税筹划与企业薪酬制度相关，却混淆了一些证据（Phillips，2003[⑦]；Hanlon、Mills 和 Slemrod，2007[⑧]；Desai 和 Dharmapala，2006[⑨]；Armstrong、Blouin 和 Larcker，2010[⑩]）。股权激励是税务激进行为的一个决定因素。因此，管理者必须得到激励或补偿来进行涉及不确定结果的税务激进行为。

本书研究的问题是，管理层股权激励对税务激进行为产生了什么样的影响？在大股东持股比例较高，尤其是国有控股的情况下，所有权结构对股权激励与税务激进行为的关系会产生什么影响？国有控股和非国有控股对股权激励与税务激进行为产生的影响有何不同？现有的文献并未完全涵盖这些方面，本章试图对此进行检验。

---

① Gupta, S. , and K. Newberry. Determinants of the variability in corporate effective tax rates: Evidence from longitudinal data [J]. Journal of Accounting and Public Policy. 1997. 16 (1): 1 - 34.

② Rego, S. Tax - avoidance activities of U. S. multinational corporations [J]. Contemporary Accounting Research. 2003. 20 (4): 805 - 833.

③ Graham, J. , and A. Tucker. Tax shelters and corporate debt policy [J]. Journal of Financial Economics. 2006 (81): 563 - 594.

④ Frank, M. , L. Lynch, and S. Rego. Tax reporting aggressiveness and its relation to aggressive financial reporting [J]. The Accounting Review. 2009. 84 (2): 467 - 496.

⑤ Wilson, R. An examination of corporate tax shelter participants [J]. The Accounting Review. 2009. 84 (3): 969 - 999.

⑥ Dyreng、S. , M. Hanlon, and E. Maydew. The effects of executives on corporate tax avoidance [J]. The Accounting Review. 2010. 85 (4): 1163 - 1189.

⑦ Phillips, J . Corporate tax planning effectiveness: The role of compensation - based incentives [J]. The Accounting Review. 2003. 78 (3): 847 - 874.

⑧ Hanlon, M. , Mills, L. , Slemrod, J. , An empirical examination of corporate tax noncompliance. In: Auerbach, A. , Hines, J. , Slemrod, J. (Eds.), Taxing Corporate Income in the 21st Century. Cambridge University Press, New York, 2007: 171 - 210.

⑨ Desai, M. , and D. Dharmapala. Corporate tax avoidance and high - powered incentives [J]. Journal of Financial Economics. 2006. 79 (1): 145 - 179.

⑩ Armstrong, C. S. , J. L. Blouin, and D. F. Larcker. The incentives for tax planning. Working paper, Stanford University and University of Pennsylvania. 2010.

4.2　理论分析和研究假设

4.2.1　理论分析

现代企业制度的两权分离导致股东与管理层之间的目标不完全一致，加之股东与管理层之间存在信息不对称，随之产生了委托代理问题以及股东对管理层的激励约束问题。由于管理层的个人理性和风险偏好，且掌握大量的内部信息，可能导致道德风险和逆向选择，在管理层满足自身利益的前提下，如果与股东的目标并不一致，股东会承担更多的损失风险。股权激励作为公司治理的重要机制，在两权分离的企业中，通常会促使股东与管理层目标趋于一致，提高公司绩效，缓解两者的利益冲突，降低委托代理成本。股东也会增加股权激励敦促管理层采取决策使股东财富最大化。Jensen 和 Meckling（1976）提出股东应当授予管理层更多的激励报酬（例如，企业价值剩余索取权），缓解股东与管理层的利益冲突，使管理层达到自身利益最大化的同时股东也实现利益最大化。

股权激励导致了管理层的财富与股价之间的凸性关系，反映了股票期权报酬会影响管理层财富的波动，特别是股票期权激励管理层进行高风险高报酬的项目，原因在于一个选择权的价值会与股票价格（称为斜率效应）和股票收益波动（称为风险激励效应）同时增加。尽管斜率效应激励管理层进行高回报的项目，但风险激励效应促使管理层进行增加股票收益波动却存在高风险的项目。控制斜率效应常数，拥有较大股权激励的管理者具有更大的积极性来增加公司的风险，选择价值与股票收益波动性同时增加。

已有的研究发现股权激励与管理决策相关，特别是关于投资和融资决策（Guay，1999）①。Rajgopal 和 Shevlin（2002）② 提供证据表明股权激励越高导

① Guay, W. R. The sensitivity of CEO wealth to equity risk: An analysis of the magnitude and determinants [J]. Journal of Financial Economics. 1999 (53): 43-71.

② Rajgopal, S. and T. Shevlin. Empirical evidence on the relation between stock option compensation and risk taking [J]. Journal of Accounting and Economics. 2002. 33 (2): 145-171.

致未来勘探风险大的石油和天然气行业的可能性越大。Coles 等（2006）[①] 研究表明，股权激励与风险较高的公司决策相关，包括更多的研发投资、降低资本支出、更高的财务杠杆以及更集中的市场和行业的焦点。Cohen、Dey 和 Lys（2009）[②] 提出股权激励与风险管理相关，在 2002 年“萨班斯 - 奥克斯利法案”之后相关性却减弱，原因在于在同一时期期权薪酬降低。然而，已有的研究没有检验股权激励与风险税务筹划（即风险避税或者激进税收定位）之间的相关关系。股权激励措施鼓励管理者做出更多的风险投资和融资决策，同样也会促使管理层进行更激进（或更具风险）的税务筹划，从而导致一些企业的税务激进度变化。

若不考虑企业财务目标，则企业会追求税后利润最大化（盖地，2008）[③]。税务激进行为的收益是显而易见的，不仅可以减少税收负担，增加现金流，也可以提高税后净收益。然而，激进的税务行为也会导致企业和管理层的高额成本，要求管理层投入大量资源支付给会计师和律师，以及耗费时间致力于与审计和税务机关的规划和沟通。如果税务机关不认可企业激进的税务行为，则会导致成本显著增加。例如，Wilson（2009）[④] 研究发现公司支付税务机关滞纳金占税务筹划节约税款的 40%。此外，公司还会在未来审计和税务机关检查时遭受声誉损失，同时激进的税务行为也会影响投资者对公司价值的评估（Hanlon 和 Slemrod，2009）[⑤]。

因此，如果没有相应的股权激励，风险规避的管理层可能更愿意承担风险更低的税务筹划，而风险中性的股东更喜欢管理层实施所有的净现值为正的税务策略，而忽视产生的风险。已有的研究对于避税和高管薪酬之间的相关性结论有所不同。Phillips（2003）通过对调查公司高管获得的数据进行分析表明，公司用税后利润奖励部门经理（但不是首席执行官）将导致更大的税务筹划

---

① Coles, J. L. , N. D. Naveen, and L. Naveen. Managerial incentives and risk - taking [J]. Journal of Financial Economics. 2006. 79 (2): 431 - 468.

② Cohen, D. , A. Dey, and T. Lys. The Sarbanes Oxley Act of 2002: Implications for compensation contracts and managerial risk - taking. working paper. Stern School of Business. 2009.

③ 盖地. 避税的问与答 [J]. 会计之友，2008 (2 上)：68 - 71.

④ Wilson, R. An examination of corporate tax shelter participants [J]. The Accounting Review. 2009. 84 (3): 969 - 999.

⑤ Hanlon, M. , and J. Slemrod. What does tax aggressiveness signal? Evidence from stock price reactions to news a bout tax shelter involvement [J]. Journal of Public Economics. 2009. 93 (1 - 2): 126 - 141.

效力。Hanlon、Mills 和 Slemrod（2007）① 认为各种股权激励措施（例如绩效工资灵敏度）和税收漏洞存在正相关关系。Graham 等（2004）② 认为股东授予管理层股票期权会导致管理层采取更多的策略减少税收负担。Rego 和 Wilson（2008）③ 实证检验了管理层激励与企业避税之间的关系，结果显示两者正相关。相反，部分学者有不同的观点。Desai 和 Dharmapala（2006）④ 认为增加薪酬最高的前五名高管的激励薪酬占总薪酬的比例会减少避税，治理不佳的公司这种情况更为明显。Armstrong、Blouin 和 Larcker（2010）⑤ 研究发现税务部门主管薪酬与降低 GAAP 有效税率（ETRs）相关，但没有证据表明，CEO 或 CFO 薪酬是与任何标准衡量的企业避税相关。

4.2.2　研究假设

（1）股权激励对税务激进行为的影响。在已有的文献中，关于管理层股权激励和税务激进行为的关系，学界有不同的结论。本书的研究检验了股权激励对管理层进行高风险的税收战略决策的影响。本章的研究认为在所有权与经营权分离的条件下，管理层拥有经营权与管理权，股东拥有大部分剩余所有权，如果股东对管理层实施股权激励，管理层会额外拥有部分剩余所有权。管理层的收益也随之与公司的利润息息相关，管理层为了自身利益最大化会努力增加税后利润，从而股东授予股权激励越多，越会促使管理层采取更高风险的税务策略来增加股票收益波动。风险更高的税务筹划策略应当与股票收益波动正相关，因为更高风险的税务筹划增加了不确定性未来税税务筹划的结果。这个更大的不确定性会增加公司的股票收益波动，作为投资者的股票收益波动预期持续的一个可能性。较高的股票收益波动将转化为更高的股票期权估值，进

---

① Hanlon, M. , Mills, L. , Slemrod, J. , An empirical examination of corporate tax noncompliance. In: Auerbach, A. , Hines, J. , Slemrod, J. (Eds.), Taxing Corporate Income in the 21st Century. Cambridge University Press, New York, 2007: 171 - 210.

② Graham, J. R. , M. H. Lang, and D. A. Shackelford. Employee Stock Options, Corporate Taxes, and Debt Policy [J]. Journal of Finance 2004 (59): 1585 - 1618.

③ Rego, S. and R. Wilson. Executive Compensation, Tax Reporting Aggressiveness, and Future Firm Performance. Working Paper. University of Iowa. 2008.

④ Desai, M. , and D. Dharmapala. Corporate tax avoidance and high - powered incentives [J]. Journal of Financial Economics. 2006. 79 (1): 145 - 179.

⑤ Armstrong, C. S. , J. L. Blouin, and D. F. Larcker. The incentives for tax planning. Working paper, Stanford University and University of Pennsylvania. 2010.

而获得更大的管理层财富。股权激励通常通过激励促使管理层进行高风险高回报的税务激进策略。因此，提出如下的研究假设：

假设4.1：在其他因素不变的条件下，股权激励与税务激进行为存在正相关关系。

（2）所有权性质对股权激励与税务激进行为关系的影响。我国国有控股公司的投资主体不直接参与经营也不直接分享收益，因此国有控股公司对管理层可能缺乏有力的激励和监督，导致信息严重不对称，委托代理成本增加。国有控股公司在财政补贴、土地、投资以及税收优惠方面比非国有控股公司有优势，作为国有控股公司的管理层可能对避税不太注重。非国有控股公司产权结构比较明确，公司的管理层通常是控股股东或家族成员，委托代理关系比国有控股公司简单，信息不对称问题相对得到缓解，控股股东能够掌握公司的决策以及业绩信息。相对于国有控股公司，非国有控股公司的目标主要是追求利润。Chen和Shevlin（2010）研究表明，相对于非家族企业家族企业会避免激进的税务行为，税务激进行为被看作家族所有者和管理者获取利益的一种掩饰，为了避免少数股东的关注，占主导地位的家族企业的所有者或管理者愿意放弃税务激进行为的利益。McGuire、Wang和Wilson（2010）① 研究发现具有双重类型股权的公司比其他公司税务激进行为少，原因在于股东与管理层一致避免由于税务激进行为而付出高昂的代价。Badertscher、Katz和Rego（2011）② 提供证据表明私人股本公司大幅增加税务激进行为有效性，甚至在私人股本公司所有权明显减少或终止时税务激进行为仍然进行。因此，企业的不同的所有权性质显著影响其税务策略。相对于国有控股公司，非国有控股公司授予管理层的股权激励可以使股东与管理层利益趋同，管理层有强烈的提高公司的税后利润的动机，进而提高自身利益。因此，提出如下研究假设：

假设4.2：相对于国有控股公司，非国有控股公司对股权激励与税务激进行为的影响更显著。

---

① McGuire, S., D. Wang, and R. Wilson. Dual class ownership and tax avoidance. working paper. Texas A & M University. 2010.

② Badertscher, B., S. Katz, and S. Rego. The impact of private equity ownership on portfolio firm's corporate tax planning. Working paper. University of Notre Dame. 2011.

4.3 研究设计

4.3.1 研究变量

(1) 被解释变量。税务激进行为作为被解释变量，用TAXAGG表示，已有文献关于税务激进行为的测度指标主要有三类：

第一类是以有效税率衡量税务激进行为，以吴联生（2009）①、Lanis和Richardson（2011）②、Fariz和Bonnie（2012）③ 等的研究为代表，有效税率越低代表税务激进行为越多。具体计算公式为：

有效税率 = 所得税费用 ÷ 税前利润或经营现金流量

第二类是以财税差异衡量税务激进行为，以Manzon和Plesko（2002）④等的研究为代表，财税差异越大代表税务激进行为越多。具体计算公式为：

$$财税差异 = \frac{税前利润 - 所得税费用}{实际所得税税率}$$

已有文献的实证检验中再将财税差异标准化，即财税差异除以上一年资产总额。Wilson（2009）⑤ 通过对被指控有税务激进行为的公司进行分析发现，有税务激进行为的公司比没有税务激进行为的公司财税差异显著高，而且通过暂时性差异和永久性差异也能显著区别。Lisowsky等（2010）⑥ 对101家具有

① 吴联生．国有股权、税收优惠与公司税负［J］．经济研究，2009（10）：109－120.

② Lanis, R, and G. Richardson. The Effect of Board of Director Composition on Corporate Tax Aggressiveness［J］. Journal of Accounting and Public Policy. 2011. 30（1）：50－70.

③ Huseynov, Fariz, and Klamm, Bonnie K. Tax Avoidance, Tax Management and Corporate Social Responsibility［J］. Journal of Corporate Finance. 2012. 18（4）：804－827.

④ Manzon, G., and G. Plesko. The relation between financial and tax reporting measures of income［J］. Tax Law Review. 2002（55）：175－214.

⑤ Wilson, R. An examination of corporate tax shelter participants［J］. The Accounting Review. 2009. 84（3）：969－999.

⑥ Lisowsky, P. Seeking shelter：Empirically modeling tax shelters using financial statement information［J］. The Accounting Review, 2010. 85（5）：1693－1720.

税务激进行为的公司进行统计分析，同样证实了财税差异能显著预示税务激进行为。

第三类是以固定效应残差衡量税务激进行为，以 Desai 和 Dharmapala (2006)[①]、金鑫和雷光勇（2011）[②]、翟华云（2012）[③] 等的研究为代表。具体计算公式为：

$$BTD_{i,t} = \lambda_1 TA_{i,t} + \mu_i + \varepsilon_{i,t}$$

其中，BTD 代表标准化后的财税差异，计算公式为：

$$BTD = \frac{财税差异}{上一年资产总额} = \frac{税前利润 - 所得税费用}{实际所得税税率 \times 上一年资产总额}$$

其中，TA 代表应计项目，计算公式为：

$$TA = \frac{当年应计项目总额}{上一年资产总额} = 当年应计项$$

$\mu_i + \varepsilon_{i,t}$为衡量税务激进行为的指标，$\mu_i + \varepsilon_{i,t}$越大代表税务激进行为越多。金鑫和雷光勇（2011）、翟华云（2012）认为采用固定效应残差法衡量公司税务激进行为更为准确，而采用财税差异衡量公司税务激进行为更为合理和有效。

通过以上分析，本章采用财税差异衡量税务激进行为。

（2）解释变量。股权激励作为解释变量，已有文献关于股权激励的测度指标主要有三类：

第一类是以高管人员持股比例[④]作为测度股权激励的指标，用 MSR 表示。我国股权激励的一个重要机制是股东授予管理层股票，通过高管人员持股达到与股东的利益趋同。由于管理层股权激励的披露信息是高管人员的持股数量和持股比例，我国学者大多采用高管人员持股占总股本的百分比测度管理层股权激励水平。具体计算公式为：

$$MSR = \frac{年末高管人员持股数量}{公司总股本}$$

第二类是以管理层股票和期权变化值作为测度股权激励的指标，用 MRS

① Desai, M., and D. Dharmapala. Corporate tax avoidance and high - powered incentives [J]. Journal of Financial Economics. 2006. 79 (1): 145 - 179.

② 金鑫，雷光勇．审计监督、最终控制人性质与税收激进度［J］．审计研究，2011（5）：98 - 106.

③ 翟华云．产权性质、社会责任表现与税收激进性研究［J］经济科学，2012（6）：80 - 90.

④ 高管人员持股比例是指年末公司全部高管人员中，除董事、监事以外的其他高管人员所持有的股票总数占总股本的比例．

表示。具体说来，公司股价变动1%，管理层持有的股票或期权价值变动多少，以M. A. Desai（2006）、刘华等（2010）的研究为代表。具体计算公式为：

$$MRS=\frac{\text{管理层持股数}\times\text{股票价格}\times 1\%}{\text{薪酬最高的三名管理层的薪酬之和}+\text{管理层持股数}\times\text{股票价格}\times 1\%}$$

第三类以公司价值变动1美元，管理层持有的股票和期权价值的变动多少作为测度股权激励的指标，以Jensen和Murphy（1990）①等的研究为代表。

本章将采用公司股票价格变动1%时管理层的股票和期权的变化值（MRS）衡量股权激励水平。在已有的文献中，大部分都采用高管人员持股比例衡量股权激励（宋佩君等），为了证明结果的稳健性，本章还采用高管人员持股比例（MSR）测度股权激励水平，并对模型进行了稳健性检验。

（3）控制变量。

①公司规模（SIZE）。已有文献关于公司规模与税务激进行为关系的结论有所不同。一些学者认为公司规模越大，税务激进行为程度越高，公司规模与税务激进行为之间存在正相关关系，原因在于公司规模大可以有更充足的资源进行税务激进行为，并且相对于规模小的公司具有政治资源优势（Lanis和Richardson，2011）②。另外一些学者认为公司规模越大，税务激进行为程度越低，公司规模与税务激进行为之间存在负相关关系，原因在于公司规模大会受到更大程度的关注与监督，并且会产生税务激进行为的高额成本，因此规模大的公司不愿意实施税务激进行为（Zimmerman，1983③；Kern和Morris，1992④；Gupta和Newberry，1997⑤）。本章在实证检验中公司规模采用总资产的自然对数表示。

---

① M. C. Jensen, K, J. Murphy. Performance Pay and Top – manangement Incentives [J]. Journal of Political Economy. 1990. 4 (98): 225 – 264.

② Lanis, R, and G. Richardson. The Effect of Board of Director Composition on Corporate Tax Aggressiveness [J]. Journal of Accounting and Public Policy. 2011. 30 (1): 50 – 70.

③ Zimmerman, J. Taxes and firm size [J]. Journal of Accounting and Economics. 1983 (5): 119 – 149.

④ K ern, B. B. , M. H. Morris. Taxes and Firm Size: The E ffect of Tax Legislation during 1980s [J]. Journal o f the American Taxation Association. 1992 (14): 80 – 96.

⑤ Gupta, S. , and K. Newberry. Determinants of the variability in corporate effective tax rates: Evidence from longitudinal data [J]. Journal of Accounting and Public Policy. 1997. 16 (1): 1 – 34.

②盈利能力（ROE）。公司在生产经营过程中获得收益的能力为盈利能力，盈利能力越高，公司就会采取越多的税务激进行为，原因是公司要提高盈利需要更多的资源，其中包括资金，公司很可能采取激进的税务行为以达到目标。因此，盈利能力与税务激进行为之间可能存在正相关关系。本章在实证检验中盈利能力采用净利润与净资产的比例表示。

③固定资产比率（FAR）。已有文献表明固定资产折旧可以减少税负，资本结构与税务激进行为可能存在正相关关系，作为资本结构的衡量因素之一的固定资产比率会影响税务激进行为。Gupta 和 Newberry（1997）提出固定资产比率与税务激进度（税务激进度是衡量税务激进行为的指标）存在正相关关系，原因是固定资产比率与有效税率负相关而有效税率与税务激进度负相关。本章在实证检验中固定资产比率采用固定资产净额与上一年资产总额的比例表示。

④无形资产比率（IAR）。已有文献表明无形资产摊销可以减少税负，资本结构与税务激进行为可能存在正相关关系，作为资本结构的衡量因素之一的无形资产比率会影响税务激进行为。通过前文分析，无形资产比率与税务激进度存在正相关关系。本章在实证检验中无形资产比率采用无形资产净额与上一年资产总额的比例表示。

⑤资产负债率（LEV）。已有文献表明资产负债率与税务激进行为存在正相关关系，与有效税率存在负相关关系。本章在实证检验中资产负债率采用负债总额与资产总额的比例表示。

⑥投资收益率（ROI）。投资收益率衡量公司投资行为的获利能力，我国税法规定符合免税条件的投资收益不计入应纳税所得额，公司可以通过投资行为获得投资收益并且符合条件的可以降低税负，表明投资收益与税务激进行为存在正相关关系，与有效税率存在负相关关系。本章在实证检验中投资收益率采用投资收益与上一年资产总额的比例表示。

⑦存货比率（IR）。Gupta 和 Newberry（1997）、Lanis 和 Richardson（2011）[①] 研究发现存货集中度越高会导致公司税务激进水平越低，存货比率与税务激进行为可能存在负相关关系。本章在实证检验中存货比率采用存货余额与上一年资产总额的比例表示。

---

① Lanis, R, and G. Richardson. The Effect of Board of Director Composition on Corporate Tax Aggressiveness [J]. Journal of Accounting and Public Policy. 2011. 30 (1): 50 - 70.

（4）调节变量。所有权性质作为调节变量，用 OWNER 表示。所有权性质体现了委托代理问题的复杂程度，也体现了税务激进行为的差异。本章依据公司披露的实际控制人信息判断其为国有控股与非国有控公司。为检验不同所有权性质下股权激励对税务激进行为的差异影响，如果上市公司是非国有控股公司，取值为 1；如果上市公司是国有控股公司，取值为 0。

研究变量及定义如表 4.1 所示。

表 4.1　　研究变量及定义

变量类型	变量名称	说明
被解释变量	税务激进行为（TAXAGG）	财税差异 =（税前利润 - 所得税费用）/（实际所得税税率 × 上一年资产总额）
解释变量	股权激励测度指标——MRS	MRS = 管理层持股数 × 股票价格 ×1%/（薪酬最高的三名管理层薪酬之和 + 管理层持股数 × 股票价格 ×1%）
	股权激励测度指标——MSR	MSR = 年末高管人员持股数量/公司总股本
调节变量	所有权性质（OWNER）	如果上市公司是非国有控股公司，取值为 1；如果上市公司是国有控股公司，取值为 0
控制变量	公司规模（SIZE）	采用总资产的自然对数表示
	盈利能力（ROE）	采用净利润与净资产的比例表示
	固定资产比率（FAR）	采用固定资产净额与上一年资产总额的比例表示
	无形资产比率（IAR）	采用无形资产净额与上一年资产总额的比例表示
	资产负债率（LEV）	采用负债总额与资产总额的比例表示
	投资收益率（ROI）	采用投资收益与上一年资产总额的比例表示
	存货比率（IR）	采用存货余额与上一年资产总额的比例表示

4.3.2　模型设定

本章主要采用多元线性回归分析方法对我国上市公司股权激励与税务激进行为之间的关系进行研究。为检验假设 4.1、假设 4.2，本章建立了以下两个检验模型：

（1）检验股权激励与税务激进行为关系的模型：

$$TAXAGG_{i,t} = \lambda_0 + \lambda_1 MSR_{i,t} + \lambda_2 SIZE_{i,t} + \lambda_3 ROE_{i,t} + \lambda_4 FAR_{i,t} + \lambda_5 IAR_{i,t} + \lambda_6 LEV_{i,t} + \lambda_7 ROI_{i,t} + \lambda_8 IR_{i,t} + \varepsilon_{i,t} \tag{4.1}$$

(2) 检验上市公司所有权性质对股权激励与税务激进行为关系影响的模型：

$$TAXAGG_{i,t} = \lambda_0 + \lambda_1 MSR_{i,t} + \lambda_2 OWNER_{i,t} \times MSR_{i,t} + \lambda_3 SIZE_{i,t} + \lambda_4 ROE_{i,t} + \lambda_5 FAR_{i,t} + \lambda_6 IAR_{i,t} + \lambda_7 LEV_{i,t} + \lambda_8 ROI_{i,t} + \lambda_9 IR_{i,t} + \varepsilon_{i,t} \tag{4.2}$$

其中，λ_0 为回归方程的截距项；λ_i（$i=1, 2, \cdots, 9$）为各变量的回归系数；$\varepsilon_{i,t}$是误差项。

4.3.3 样本选择与数据来源

本章对调查样本进行如下处理，如表 4.2 所示。

表 4.2 样本处理步骤

步骤	说明
1	剔除金融保险业公司样本，原因在于金融业务具有特殊性，遵循的会计准则以及会计处理方法与其他行业显著不同
2	剔除缺失财务数据的公司
3	剔除财务状况异常的特别处理（ST）公司或特别转让（PT）公司，原因在于通常 ST 公司或 PT 公司盈利能力较差即没有利润，因此其所得税费用并不能反映公司的节税行为，会影响实证分析的可靠性
4	剔除所得税费用为负和实际所得税率大于 100% 的公司

注：为消除极端值的影响，对连续变量进行 1% 的 winsorize 处理

经过以上处理步骤，最终确定 2015—2017 年 1 695 个样本观测点。本章数据主要来源于国泰安数据中心的 CSMAR 数据库，所有权性质数据来源于 CCER 数据库，所得税税率数据来源于 RESSET 数据库。

4.4 实证结果与分析

4.4.1 描述性统计

主要变量的描述性统计结果如表4.3所示。

表4.3 主要变量的描述性统计

变量	样本数（个）	平均值	中位数	最大值	最小值	标准差
TAXAGG	1695	0.6886	0.3743	10.5697	0.0044	1.2485
MRS	1695	0.2307	0.0143	0.9770	0.0000	0.3367
SIZE	1695	22.1447	21.9633	25.4164	19.9818	1.1758
ROE	1695	0.1104	0.0957	0.3463	0.0040	0.0705
FAR	1695	0.2496	0.2102	0.8114	0.0023	0.1826
IAR	1695	0.0537	0.0397	0.3904	0.0000	0.0580
LEV	1695	0.4550	0.4632	0.8958	0.0454	0.2098
ROI	1695	0.0116	0.0023	0.1392	-0.0045	0.0235
IR	1695	0.2324	0.1678	1.0067	0.0000	0.2175

从表4.3可以看出，TAXAGG的最大值为10.5697，最小值为0.0044，均值为0.6886，表明我国上市公司存在一定程度税务激进行为并且各公司之间的税务激进行为差异较大。MRS的最大值为0.9770，最小值为0，均值0.2307，表明不同公司对管理层实施的股权激励有差别。SIZE的最大值为25.4164，最小值为19.9818，标准差为1.1758，表明我国上市公司规模差异较大。ROE的最大值为0.3463，最小值为0.0040，均值为0.1104，表明我国上市公司资产收益率比较平衡。FAR的最大值为0.8114，最小值为0.0023，均值为0.2496，表明我国上市公司进行了大量固定资产购置。IAR的最大值为0.3904，最小值为0，均值为0.0537，表明我国上市公司对无形资产的购置较少。LEV的最大值为0.8958，最小值为0.0454，均值为0.4550，表明我国上市公司资产负债比例差异较大。ROI的最大值为0.1392，最小值为-0.0045，

均值为0.0116，表明我国上市公司的投资活动存在差异。IR 的最大值为1.0067，最小值为0，均值为0.2324，表明我国上市公司对存货的投资较多。

不同所有权性质的公司主要变量的描述性统计结果如表4.4所示。

表4.4 不同所有权性质的公司主要变量的描述性统计

	国有控股公司				非国有控股公司			
变量	样本数（个）	平均值	中位数	标准差	样本数（个）	平均值	中位数	标准差
TAXAGG	615	0.5423	0.2733	1.0006	1080	0.7719	0.4333	1.3632
MRS	615	0.0400	0.0023	0.1211	1080	0.3393	0.1303	0.3703
SIZE	615	22.6176	22.4261	1.2083	1080	21.8754	21.7113	1.0675
ROE	615	0.1161	0.0978	0.0766	1080	0.1071	0.0944	0.0667
FAR	615	0.2640	0.2212	0.1944	1080	0.2415	0.2025	0.1751
IAR	615	0.0520	0.0376	0.0550	1080	0.0547	0.0403	0.0597
LEV	615	0.5316	0.5639	0.1914	1080	0.4114	0.4175	0.2075
ROI	615	0.0159	0.0040	0.0271	1080	0.0092	0.0017	0.0208
IR	615	0.2411	0.1704	0.2273	1080	0.2274	0.1654	0.2117

根据表4.4显示，国有控股公司 TAXAGG 平均值为0.5423，非国有控股公司 TAXAGG 平均值为0.7719，表明非国有控股公司的税务激进行为比国有控股公司程度大。国有控股公司 MRS 平均值为0.0400，非国有控股公司 MRS 平均值为0.3393，表明非国有控股公司比国有控股公司会实施更多的管理层股权激励。国有控股公司 SIZE 平均值为22.6176，ROE 平均值为0.1161；非国有控股公司 SIZE 平均值为21.8754，ROE 平均值为0.1071，表明国有控股公司与非国有控股公司相比规模较大、资产收益率较高。国有控股公司 FAR 平均值为0.2640，IAR 平均值为0.0520；非国有控股公司 FAR 平均值为0.2415，IAR 平均值为0.0547，表明国有控股公司与非国有控股公司相比固定资产投资规模较大，而无形资产投资较小。国有控股公司 LEV 平均值为0.5316，非国有控股公司 LEV 平均值为0.4114，表明国有控股公司资产负债比率比非国有控股公司高。国有控股公司 ROI 平均值为0.0159，非国有控股公司 ROI 平均值为0.0092，表明国有控股公司投资利润比非国有控股公司高。国有控股公司 IR 平均值为0.2411，非国有控股公司 IR 平均值为0.2274，表明国有控股公司存货投资程度比非国有控股公司大。

为了检验各个变量与税务激进行为之间的相关关系，表4.5列示了相关系数矩阵。如表 4.5 所示，MRS 与 TAXAGG 系数为 0.1284，并且股权激励与税务激进行为显著正相关，初步验证了本章的假设。SIZE 与 TAXAGG 显著负相关，说明公司规模越大，税务激进度越低。ROE 与 TAXAGG 显著正相关，说明公司盈利能力越高越促进公司进行税务激进行为。FAR 与 TAXAGG 不显著相关，而 IAR 与 TAXAGG 显著正相关，说明公司对固定资产投资不会显著影响税务激进行为，而扩大无形资产规模会显著促进税务激进行为。LEV 与 TAXAGG 显著负相关，说明负债水平对税务激进行为有一定制约作用。ROI 与 TAXAGG 显著正相关，说明公司收益能力越强，越会促进公司的税务激进行为。IR 与 TAXAGG 显著负相关，说明对存货投资规模大会显著降低税务激进。

表 4.5　　相关系数矩阵

	TAXAGG	MRS	SIZE	ROE	FAR	IAR	LEV	ROI	IR
TAXAGG	1.0000								
MRS	0.1284 ***	1.0000							
SIZE	-0.1055 ***	-0.2798 ***	1.0000						
ROE	0.2765 ***	0.0048	0.2691 ***	1.0000					
FAR	0.0020	-0.1258 ***	0.0276	-0.0924 ***	1.0000				
IAR	0.1093 ***	-0.0304	-0.0516 **	-0.0287	0.2006 ***	1.0000			
LEV	-0.2326 ***	-0.3754 ***	0.5684 ***	0.0978 ***	0.0348	-0.0506 **	1.0000		
ROI	0.2541 ***	-0.1429 ***	0.0066	0.1652 ***	-0.0889 ***	-0.0534 **	-0.0623 **	1.0000	
IR	-0.0751 ***	-0.0510 **	0.3105 ***	0.1486 ***	-0.3706 ***	-0.1768 ***	0.4298 ***	-0.1163 ***	1.0000

注：***表示在 1% 的水平上显著；**表示在 5% 的水平上显著。

4.4.2　回归结果分析

（1）模型 4.1 回归结果。MRS 与 TAXAGG 的回归结果如表 4.6 所示，可以看出管理层 MRS 与 TAXAGG 显著正相关，系数在 1% 的水平上显著为正，表明公司对管理层实施股权激励会影响管理层采取激进的税务策略，管理层为了实现税后利益最大化很可能进行高风险高回报的税务激进行为。管理层股权激励水平越高，税务激进度越高。检验结果证实了假设 4.1。SIZE 对 TAXAGG 的影响并不显著，系数在 10% 的水平上为负；ROE 与 TAXAGG 显著正相关，系数在 1% 的水平上显著为正，表明盈利能力越高，公司就会采取越多的税务激进行为，原因是公司要提高盈利需要更多的资源，其中包括资金，公司很可能采取激进的税务行为以达到目标。FAR 与 TAXAGG 显著正相关，系数在 5% 的水平上显著为正，表明固定资产折旧会减少税负，固定资产比率越高，税务激进度越高。IAR 与 TAXAGG 显著正相关，系数在 5% 的水平上显著为正，表明无形资产摊销会减少税负，无形资产比率越高，税务激进度越高。LEV 与 TAXAGG 显著负相关，系数在 1% 的水平上显著为负，表明负债水平能够起到制约税务激进行为的作用。ROI 与 TAXAGG 显著正相关，系数在 1% 的水平上显著为正，表明公司可以通过投资行为获得投资收益并且符合条件的可以降低税负，投资收益率越高，税务激进度越高。IR 与 TAXAGG 正相关，系数在 10% 的水平上显著。

表 4.6　　模型 4.1 回归结果

变量	系数	t 值
MRS	0.3016***	3.4128
SIZE	-0.0599*	-1.8310
ROE	4.8416***	8.7515
FAR	0.4668**	2.1335
IAR	2.5083**	2.5761
LEV	-1.2388***	-6.5953
ROI	12.1139***	4.4334
IR	0.3892*	1.8608
(Constant)	1.4924	2.307896
R - squared	0.2061	
F - statistic	54.7296	
Durbin - Watson stat	1.5710	
样本数（个）	1695	

注：***表示在 1% 的水平上显著；**表示在 5% 的水平上显著；* 表示在 10% 的水平上显著。

国有控股公司 MRS 与 TAXAGG 的回归结果和非国有控股公司 MRS 与 TAXAGG 的回归结果如表 4.7 所示。

从国有控股公司的回归结果可以看出，MRS 与 TAXAGG 的回归系数为 0.0900，t 值为 0.6351，并且回归系数并不显著。因此，国有控股公司 MRS 与 TAXAGG 不存在显著的相关关系。控制变量中，SIZE 与 TAXAGG 不显著相关；ROE 与 TAXAGG 呈显著正相关关系，系数在 1% 的水平上显著为正；FAR 与

TAXAGG 显著正相关，系数在 10% 的水平上显著为正；IAR 与 TAXAGG 不显著相关；LEV 与 TAXAGG 显著负相关，系数在 1% 的水平上显著为负；ROI 与 TAXAGG 显著正相关，系数在 1% 的水平上显著为正；IR 与 TAXAGG 不显著相关。

从非国有控股公司的回归结果可以看出，MRS 与 TAXAGG 的回归系数为 0.2033，t 值为 1.9103，并且回归系数在 5% 的水平上显著为正，说明非国有控股公司管理层 MRS 与 TAXAGG 显著正相关。控制变量中，SIZE 与 TAXAGG 不显著相关；ROE 与 TAXAGG 呈显著正相关关系，系数在 1% 的水平上显著为正；FAR 与 TAXAGG 显著正相关，系数在 10% 的水平上显著为正；IAR 与 TAXAGG 显著正相关，系数在 1% 的水平上显著为正；LEV 与 TAXAGG 显著负相关，系数在 1% 的水平上显著为负；ROI 与 TAXAGG 显著正相关，系数在 1% 的水平上显著为正；IR 与 TAXAGG 显著正相关，系数在 5% 的水平上显著为正。

表 4.7　不同所有权性质公司的回归结果

变量	国有控股公司		非国有控股公司	
	系数	t 值	系数	t 值
MRS	0.0900	0.6351	0.2033**	1.9103
SIZE	-0.0126	-0.4119	-0.0794	-1.4766
ROE	3.2227***	8.3908	6.1759***	6.6628
FAR	0.2803*	1.3281	0.4780*	1.6056
IAR	-0.3597	-0.6328	3.8081***	2.8931
LEV	-0.7059***	-3.8419	-1.4907***	-5.3323
ROI	13.9364***	3.5736	11.0803***	2.7605
IR	-0.0889	-0.6120	0.5520**	1.9107
(Constant)	0.5770	0.9160	1.8399	1.7488
R - squared	0.2661		0.2054	
F - statistic	27.4769		34.6137	
Durbin - Watson stat	1.6711		1.5644	
样本数（个）	615		1080	

注：***表示在 1% 的水平上显著；**表示在 5% 的水平上显著；*表示在 10% 的水平上显著。

通过表 4.7 检验结果发现，国有控股公司与非国有控股公司管理层 MRS 与 TAXAGG 的关系存在差异，所有权性质会影响管理层 MRS 与 TAXAGG 的关系，为了进一步检验所有权性质对两者关系的影响，模型 4.2 加入了所有权性质的交叉项。

（2）模型4.2回归结果。模型4.2在模型4.1的基础上加入了所有权性质交叉项，所有权性质对MRS与TAXAGG的关系影响的回归结果如表4.8所示。MRS与TAXAGG的系数在10%的水平下显著，与模型4.1回归结果的系数在1%的水平下相比显著性减弱。OWNER和MRS的交叉项系数在1%的水平上显著为正，说明所有权性质不同会对MRS与TAXAGG的关系产生不同影响。结合表4.7分析得知，相对于国有控股公司，非国有控股公司对MRS与TAXAGG的影响更显著。非国有控股公司实施MRS会比国有控股公司采取更多的TAXAGG，非国有控股公司管理层为了实现税后利益最大化很可能进行高风险高回报的TAXAGG。检验结果证实了假设4.2。SIZE与TAXAGG负相关，系数在10%的水平上为负；ROE与TAXAGG显著正相关，系数在1%的水平上显著为正。FAR与TAXAGG显著正相关，系数在5%的水平上显著为正。IAR与TAXAGG显著正相关，系数在1%的水平上显著为正。LEV与TAXAGG显著负相关，系数在1%的水平上显著为负。ROI与TAXAGG显著正相关，系数在1%的水平上显著为正。IR与TAXAGG正相关，系数在10%的水平上显著为正。

表4.8　　模型4.2回归结果

变量	系数	t值
MRS	0.2463*	1.6229
OWNER×MRS	0.5681***	3.5245
SIZE	-0.0521*	-1.5845
ROE	4.8751***	8.7954
FAR	0.4607**	2.1064
IAR	2.4890***	2.5559
LEV	-1.2394***	-6.5998
ROI	12.2066***	4.4584
IR	0.3765*	1.8012
(Constant)	1.3242	2.0339
R-squared	0.2072	
F-statistic	48.9487	
Durbin-Watson stat	1.5735	
样本数（个）	1695	

注：①***表示在1%的水平上显著；**表示在5%的水平上显著；*表示在10%的水平上显著。

②×表示其前后变量为交叉项。

4.5　稳健性检验

为了检验结果的稳健性，本章采用换取解释变量的方法对表 4.6 至表 4.8 的结果进行了敏感性测试。我国股权激励的一个重要机制是股东授予管理层股票，通过高管人员持股达到其与股东的利益趋同。由于管理层股权激励的披露信息是高管人员的持股数量和持股比例，我国学者大多采用高管人员持股占总股本的百分比测度管理层股权激励水平。具体计算公式为：

$$MSR = \frac{年末高管人员持股数量}{公司总股本}$$

本章以高管人员持股比例（MSR）替代管理层股票和期权变化值（MRS）作为测度股权激励的指标进行敏感性测试。对样本重新执行假设 4.1 和假设 4.2 的检验，回归结果如表 4.9 所示。从表 4.9 可以看出：①MSR 与 TAXAGG 呈正相关关系，系数在 10% 的水平上显著，与假设 4.1 相符。表明管理层 MSR 水平越高，采取的 TAXAGG 越多，股东授予管理层股权激励，管理层为了实现税后利益最大化很可能进行高风险高回报的 TAXAGG。②在分析 MSR 与 TAXAGG 的过程中加入所有权性质，检验所有权性质对 MRS 与 TAXAGG 关系的影响，结果表明所有权性质交叉项（OWNER × MSR）的系数在 10% 的水平上显著，与假设 4.2 相符。表明国有控股公司与非国有控股公司在 MRS 与 TAXAGG 的影响上存在不同，非国有控股公司相对于国有控股公司会采取更多的 TAXAGG。非国有控股公司对管理层进行股权激励会促使管理层采取更多的税务激进策略，国有控股公司对管理层进行股权激励并没有促使管理层采取更多的税务激进策略。③结合模型 4.1 和模型 4.2 的回归结果，控制变量中 SIZE 与 TAXAGG 负相关，系数在 5% 的水平上为负；ROE 与 TAXAGG 显著正相关，系数在 1% 的水平上显著为正，表明盈利能力越高，公司会采取更多的 TAXAGG。FAR 与 TAXAGG 显著正相关，系数在 5% 的水平上显著为正；IAR 与 TAXAGG 显著正相关，系数在 1% 的水平上显著为正；LEV 与 TAXAGG 显著负相关，系数在 1% 的水平上显著为负，表明负债水平能够起到制约 TAXAGG 的作用；ROI 与 TAXAGG 显著正相关，系数在 1% 的水平上显著为正，表明投资收益率越高，税务激进度越高；IR 与 TAXAGG 正相关，系数在 5% 的水平上显著。综上所述，表 4.9 的检验结果并未发生实质性改变，表明本章的研究结果是稳健的。

表 4.9　　稳健性检验结果

变量	模型 4.1		模型 4.2	
	系数	t 值	系数	t 值
MSR	0.0012*	0.2284	0.0258	0.8971
OWNER × MSR			0.0270*	0.9317
SIZE	-0.0695**	-2.1526	-0.0689**	-2.1299
ROE	4.9565***	9.1045	4.9554***	9.0991
FAR	0.4224**	1.9302	0.4209**	1.9209
IAR	2.4580***	2.5255	2.4554***	2.5212
LEV	-1.4048***	-6.9180	-1.4047***	-6.9156
ROI	11.3691***	4.2016	11.3758***	4.2015
IR	0.4212**	1.9820	0.4198**	1.9728
(Constant)	1.8504	2.9144	1.8380	2.8909
R - squared	0.2009		0.2009	
F - statistic	52.9890		47.0851	
Durbin - Watson stat	1.5673		1.5676	
样本数（个）	1695		1695	

注：① ***表示在 1% 的水平上显著；**表示在 5% 的水平上显著；* 表示在 10% 的水平上显著。
② × 表示其前后变量为交叉项。

4.6 本章小结

（1）本章理论分析了管理层股权激励对税务激进行为的影响，并结合我国上市公司所有权性质不同的特点，分析了所有权性质对股权激励与税务激进行为关系的影响，从而提出了两个假设：在其他因素不变的条件下，股权激励与税务激进行存在正相关关系；相对于国有控股公司，非国有控股公司对股权激励与税务激进行为的影响更显著。

（2）本章在理论分析管理层股权激励与税务激进行为内在机理的基础上，引入税务激进行为的衡量指标，列举了国内外关于税务激进行为的三类指标，包括有效税率、账面与税务差异和固定效应残差，本章将财税差异作为衡量税务激进行为的标准。此外，引入股权激励的衡量指标，选取管理层股票和期权变化值作为衡量股权激励的标准，对股权激励与税务激进行为的关系进行实证检验。

（3）本章实证研究了股权激励与税务激进行为之间的关系。结果显示，股权激励对我国上市公司的税务激进行为产生了显著的正影响，即管理层股权激励水平越高，税务激进度越高。公司对管理层实施股权激励会影响管理层采取激进的税务策略，管理层为了实现税后利益最大化很可能进行高风险高回报的税务激进行为。考虑了所有权性质因素之后，通过国有控股上市公司和非国有控股上市公司的对比，发现所有权性质影响了股权激励与税务激进行为的关系，国有控股公司与非国有控股公司管理层股权激励与税务激进行为的关系存在差异。国有控股公司股权激励与税务激进行为不存在显著的相关关系；非国有控股公司管理层股权激励与税务激进行为显著正相关。通过加入所有权性质的交叉项进一步检验所有权性质对两者关系的影响，结果显示，相对于国有控股公司，非国有控股公司对股权激励与税务激进行为的影响更显著。非国有控股公司实施股权激励比国有控股公司会采取更多的税务激进行为。非国有控股公司产权结构比较明确，控股股东能够掌握公司的决策以及业绩信息。相对于国有控股公司，非国有控股公司的目标主要是追求利润，非国有控股公司授予管理层的股权激励可以使股东与管理层利益趋同，管理层有强烈的提高公司的税后利润的动机进而提高自身利益，因此在其决策时更倾向于税务激进行为带来的收益。

（4）本章采用了以 Manzon 和 Plesko（2002）等使用的财税差异方法衡量税务激进行为，财税差异越大代表税务激进行为越多。财税差异包含会计准则与税法之间的差异，这些差异在指标中并没有量化体现。从财税差异计算公式看，这一指标主要体现所得税的税务激进行为，对于其他税种的税务激进行为没有体现。因此，还存在一定的局限性。

第5章 股权激励与会计信息质量的实证检验

股权激励作为对于管理层的激励机制，是解决两权分离产生的委托代理问题的方式之一，并起到了重要的作用。管理层激励机制是以公司业绩为基础的，会计信息反映了公司业绩，因此管理层的利益与会计信息的关系反映在激励机制上。管理层拥有公司的剩余控制权，比股东具有信息优势，掌握会计信息的生成和披露决策权，有能力影响会计信息质量。因股东与管理层之间的信息不对称，管理层掌握大量的内部信息具有信息优势，很可能以自身机会主义为目标，选择有利于获得股权最大值的决策，为保障更多的报酬，进而操纵会计信息。会计信息质量的降低会产生严重的经济后果，导致投资失效、资源达不到最优配置、市场监管效率低等。本章分析了我国上市公司管理层股权激励对会计信息质量的影响。首先分析了股权激励水平对会计信息质量的影响，然后从所有权性质角度，分析国有控股和非国有控股两方面对股权激励与会计信息质量关系的影响；从管理层控制权角度，分析董事长与总经理是否两职合一对股权激励与会计信息质量关系的影响；从股权结构角度，分析第一大股东持股比例对股权激励与会计信息质量关系的影响；从董事会治理角度，分析独立董事比例对股权激励与会计信息质量关系的影响。本章在相关文献的基础上提出研究假设，并建立实证模型检验股权激励对会计信息质量的影响。

5.1 问题提出

管理层股权激励对于缓解所有权与经营权分离产生的代理问题起到了重要

的作用，但是随着一系列财务舞弊丑闻的发生，管理层利用信息优势侵蚀股东的权益的问题受到重视；相反，管理层股权激励也可能促使高管为谋私利而操纵会计信息。股东授予管理层股权是否能够降低代理成本、改善公司治理、提高业绩，一直是学术界关注的焦点。目前，国内外关于管理层股权激励与会计信息质量的关系的，研究结论并没有达成一致，因此对其进行研究仍很必要。很多文献关于管理层操纵会计信息和股权激励的研究数据及时间都是相似的，但是结论却仍然缺乏一致性。第一，一些学者认为，股权激励与操纵会计信息相关会导致会计信息质量下降。研究认为股价具有报告收益的功能，管理层会操纵会计盈余以增加个人持股价值，基于股权激励的薪酬和管理层持股会导致管理层操纵会计信息，以增加收益（Harris 和 Bromiley，2007①；Efendi、Srivastava 和 Swanson，2007②；Bergstresser 和 Philippon，2006③；Cheng 和 Warfield，2005④）。Harris 和 Bromiley（2007）研究表明，管理不当行为的可能性上升与股权收益的诱惑有关联，因此检验了会计重述与期权报酬之间关系，结果显示两者存在正相关关系。Johnson、Ryan 和 Tian（2009）⑤ 研究结论显示管理层无限制股票与会计舞弊发生概率显著正相关。Bamber et al（2010）⑥ 以 1998—2001 年 440 家公司为研究样本，检验了 CEO 股权激励与公司会计信息透明度之间的关系，结论显示 CEO 股权激励不利于公司会计信息透明度，原因在于 CEO 收到股权激励之后，降低了工作安全性并且有动机提高公司利润以获得收益，进而导致会计信息质量下降。一些研究表明，管理层持有股票期权与财务重述正相关（Harris 和 Bromiley，2007；Burns 和 Kedia，2006）⑦。Harris 和

---

① Harris, J. , and P. Bromiley. Incentives to Cheat: The Influence of Executive Compensation and Firm Performance on Financial Misrepresentation [J]. Organizational Science. 2007 (18): : 350 - 367.

② Efendi J. , Srivastava A. , Swanson. EP. Why Do Corporate Managers Misstate Financial Statements? The Role of Option Compensation and Other Factors [J]. Journal of Financial Economics. 2007. 85 (3): 667 - 708.

③ Bergstresser, Daniel, and Thomas Philippon. CEO incentives and earnings management [J]. Journal of Financial Economics 2006 (80): 511 - 529.

④ Cheng Qian and Warfield, T. D. , Equity incentives and earnings management [J]. The Accounting Review. 2005: 441 - 476.

⑤ Johnson, S. A. , H. E. Ryan, and Y. S. Tian. Managerial Incentives and Corporate Fraud: The Sources of Incentives Matters [J]. Review of Finance. 2009 (13): 115 - 45.

⑥ BamberL. S. J. Jiang, K. R. Petroni and I. . YWang. Comprehensive ineome who's afraid of performance reporting [J]. Accounting Review. 2010 (85): 97 - 126.

⑦ Burns Natasha and Simi Kedia. The Impact of Performance - based Compensation on Misreporting [J]. Journal of Financial Economicss. 2006 (79): 35 - 67.

Bromiley（2007）研究发现财务重述的概率与以业绩为目标的激励薪酬正相关。还有一些研究表明管理层持有不同的股权激励方式（例如限制性股票和股权）与财务重述正相关（Cheng 和 Warfield，2005）；授予的股票与财务重述正相关（Johnson、Ryan 和 Tian，2009）；整体股票资产与财务重述正相关（Bergstresser 和 Philippon，2006）。肖淑芳、张晨宇、张超和轩然（2009）①以2005—2008 年提出股权激励计划的 108 家上市公司为研究样本，通过配对研究发现上市公司在发布股权激励计划之前的三个季度可操纵应计利润"向下"，发布股权激励计划之后可操纵应计利润"向上"，说明股权激励影响公司可操纵应计利润，进而影响会计信息质量。第二，一些学者认为股权激励可能会减少管理层操纵会计信息的需求，使管理层与股东的利益一致，股权激励水平越高，会计信息质量越高，即股权激励能够提高会计信息质量，两者存在正相关关系（Jensen 和 Meckling，1976②；Warfield 等，1995③；Burns 和 Kedia，2006④；Armstrong 等，2010⑤）。Jensen 和 Meckling（1976）提出股东授予管理层股份是一种解决委托代理问题的方法，根据利益趋同假说，管理层没有获得公司股份或者获得很少股份时，管理层的决策行为会以自身利益为主，造成了股东与管理层的利益冲突。股东授予管理层的股份增加时，管理层与股东的利益趋同，管理层倾向于提高会计信息质量，缓解利益冲突，有利于股东决策，因此管理层持股与会计信息质量正相关。Warfield 等（1995）通过实证检验了美国上市公司管理层持股与会计信息质量的关系，表明管理层持股与可操纵性应计利润负相关，与盈余质量正相关。管理层持股提高了会计盈余对收益的说明力，说明管理层持股比例越高，会计信息质量越高。Armstrong、Jagolinzer 和 Larcker（2010）利用会计重述、股东诉讼、美国证券交易委员会发布的会计和审计执业规定（AAERs）作为会计违规的衡量指，以 2001—2005 年美国公司为样本进行研究，并未发现 CEO 股权激励和会计违规行为呈正相关关系，

---

① 肖淑芳，张晨宇，张超，轩然．股权激励计划公告前的盈余管理——来自中国上市公司的经验证据［J］．南开管理评论，2009（4）：113－119.

② Michael C. Jensen and William H. Meckling. Theory of Firm：Managerial Behavior，Agency Costs and Ownership Structure［J］. Journal of Financial Economics. 1976（3）：305－360.

③ Warfield，T. D，Wild，J. J. Wild，K. L. Managerial Ownership，Accounting Choices，and Informativeness of Earnings［J］. Journal of Accounting and Economics. 1995. 20（1）：61－91.

④ Burns Natasha and Simi Kedia. The Impact of Performance－based Compensation on Misreporting［J］. Journal of Financial Economicss. 2006（79）：35－67.

⑤ Armstrong，C.，Jagolinzer，A.，Larcker，D. Chief Executive Officer Equity Incentives and Accounting Irregularities［J］. Journal of Accounting Research. 2010（48）：225－271.

相反，结论说明以股权为基础的高额补偿和较高持有权实际上减少了财务报告不当情况的发生，特别是 CEO 高持股的公司比那些持股较低的公司发生财务违规行为频率要低一些。对于财务报告，股权激励促使管理者与股东利益一致，通过敏感性分析，CEO 股权激励与会计重述、股东诉讼导致的管理层操纵会计信息行为呈负相关关系。王克敏和王志超（2007）① 检验了股权激励与盈余管理之间的关系，以 2001—2004 年我国 1914 家上市公司为研究样本，研究结论显示两者负相关。第三，一些学者认为股权激励与操纵会计信息不相关或不线性相关。Baber、Kang 和 Liang（2007）② 以 1997—2002 年 193 家公司为研究样本，检验 CEO 股权激励与会计重述之间的关系，结果显示二者不相关。Erickson、Hanlon 和 Maydew（2006）③ 以 1996—2003 年 50 家公司为研究样本，检验会计舞弊发生的概率和公司高管的持股比例之间的关系，结果显示两者不相关。杜兴强和温日光（2007）④ 实证检验了高管人员持股比例与会计信息透明度之间的关系，结论显示两者不相关，研究发现我国上市公司高管的平均持股比例偏低，不足总股本的万分之一，高管持股比例低并不能显著影响会计信息质量。Klein（2002）⑤ 的研究显示管理层持股与会计信息质量非线性相关，管理层持股比例低于临界点时与会计信息质量呈正相关关系，管理层持股比例高于临界点时与会计信息质量呈负相关关系。

以上文献研究了管理层的股权激励（如限制性股票、行使认购股权、授予期权）与会计信息质量的关系。尽管有些文献具有相似的研究年限和样本，但关于股权激励与会计信息质量的关系并没有得出一般性的结论。已有文献的研究假设，在很大程度上依赖于会计违规行为和股权激励的函数形式（以及每个研究中使用的控制变量）。具体来说，这些研究基于利害关系相匹配公司（例如一个发生过会计舞弊的公司跟同一时期非会计舞弊公司相匹配），利用诸如企业规模和行业分类作为少量的控制变量，并且前期的研究倾向于分析相

---

① 王克敏，王志超．高管控制权、报酬与盈余管理［J］．管理世界，2007（7）：111－119.

② Baber, W., S. Kang, and L. Liang. Shareholder Rights, Corporate Governance, and Accounting Restatement. Working paper, Georgetown University, 2007.

③ Erickson, M., M. Hanlon, and E. L. Maydew. Is There a Link between Executive Equity Incentives and Accounting Fraud?［J］Journal of Accounting Research. 2006（44）：113－143.

④ 杜兴强，温日光．公司治理与会计信息质量：一项经验研究［J］．财经研究，2007（1）：122－133.

⑤ Klein, A. Audit Committee, Board of Director Characteristics, and Earnings Management［J］. Journal of Accounting and Economics. 2002（33）：375－400.

对小样本的公司，研究的样本选择偏差可能会影响研究结论。本章试图探讨公司实行股权激励措施，是否诱导了管理层进行操纵财务报告行为的发生，进而影响会计信息质量。

5.2 理论分析和研究假设

股权激励是股东授予管理层报酬的一种激励方式，由管理层业绩或在资本市场的表现决定。公司在资本市场的直接表现是股票价值，投资者对公司未来收益的预期取决于会计信息，因此管理层股权激励会影响公司的会计信息。公司依据会计准则发布会计信息，会计准则的原则导向给管理层很多职业判断的空间和促使其选择恰当的会计政策。因此，受利益驱动的管理层以此寻租，利用会计职业判断的空间进行盈余管理，通过盈余管理操纵会计信息获得个人利益。管理层作为股权激励的激励对象是理性经济人，为了股权激励收益最大化，管理层实施盈余管理影响会计信息质量的动机就会产生。此外，在信息不对称的情况下，管理层掌握大量内部信息成为管理层实施盈余管理影响会计信息质量的客观条件。管理层在股权激励的刺激下，存在机会主义行为，即通过盈余管理对会计信息进行操纵，进而影响会计信息质量。

根据堑壕效应（Entrenchment Effect），管理层作为公司的高管人员拥有公司重大项目的管理权、处置权、财产权和控制权。管理层持股比例的提高意味着被授予权利的增加，可能会导致为了追求股权利益最大化形成管理层职位的堑壕。股权激励水平越高，管理层拥有的股权会越多，因而对公司控制力越大，很可能造成股东无法有效监管管理层，堑壕效应越强。由于管理层控制公司的程度高，实施盈余管理操纵会计信息的行为更加难以监管，会计信息质量会降低。Bergstresser 和 Philippon（2006）① 提出股权激励会导致管理层操纵会计信息以影响股票价格，在完成股权激励规定的目标时，上市公司管理层会通过操纵会计信息获得被授予的股权，以便以较低的价格购入股票；在被授予的

① Bergstresser, Daniel, and Thomas Philippon. CEO incentives and earnings management [J]. Journal of Financial Economics 2006 (80): 511 - 529.

股权行权时，管理层又会通过操纵会计信息甚至与大股东合谋影响股票价格，以便以较高的价格卖出股票。雷光勇等（2010）① 研究表明上市公司会计盈余与股价存在相关关系，公司授予管理层股权会导致管理层操纵会计盈余，引发会计行为异化，降低会计信息质量，从而影响股票价格满足自身利益。因此，提出如下研究假设：

假设 5.1：上市公司股权激励水平越高，会计信息质量越低。

股权激励是一种以业绩为目的的促使管理层长期服务于公司的激励手段。非国有控股上市公司股权激励通常也是以公司的经营业绩为目标，股权激励与公司业绩关联，使得管理层没有表现出风险规避，而是表现出选择有利于自身利益的会计政策和操纵会计信息以达到获得股权激励的指标，以免因为业绩未达标而损失个人利益。同时，管理层在获得股权激励的收益时，也期望获得相应的红利，这就产生了操纵会计信息的动机。股权激励给管理层带来的激励诱惑会使其操纵会计信息，降低会计信息质量，进而侵蚀股东利益的可能性增加，管理层可能通过盈余管理操纵会计信息，达到满足自己利益最大化的需求，管理层股权激励水平越高，通过盈余管理操纵会计信息的可能性就越高，从而使会计信息质量越低。国有控股上市公司实际控制人是国家，很大比例的管理层并非市场选择而是指派或任命，国有控股上市公司经理人市场还处于初期阶段，管理层持股较低或零持股的现象普遍存在，导致了股权激励对管理层的吸引力不大，与业绩的相关程度不高，管理层不会单方面追求高收益项目，股权激励对盈余管理的影响也较弱。因此，提出如下研究假设：

假设 5.2：相对于国有控股公司，非国有控股上市公司股权激励对会计信息质量的影响更加显著。

管理层控制权过大，容易削弱公司治理的作用，造成股权激励导致管理层盈余管理操纵会计信息的动机加强。股东与董事会、股东与管理层之间都存在代理问题，管理层控制权过大，同时又掌握大量的内部信息，容易导致管理层权利独大，凌驾于董事会之上，控制股权激励成为寻租行为的工具（Dorff,

① 雷光勇，李帆，金鑫．股权分置改革、经理薪酬与会计业绩敏感度［J］．中国会计评论，2010（1）：17－29.

2005[①]；吕长江和赵宇恒，2008[②]）。上市公司股权激励对象可以包括董事、经理人、核心技术人员、监事以及员工，实施股权激励可能会导致董事与管理层合谋控制董事会，使得董事会失去了对管理层的监督与约束效力。很多上市公司的高级管理层人员是由控股股东指派的，形成了总经理与董事长由同一人兼任的情况，以至于产生管理层监督约束自己的情形，破坏了股东、董事会和管理层之间建立的制约平衡关系。管理层掌握的控制权越大，势必越会降低股东与董事会的约束机制，使管理层有机会实施盈余管理操纵会计信息谋取个人利益。管理层的控制权会使公司实施股权激励的过程中，管理层操纵会计信息更有契机和可操作性，降低会计信息质量。因此，提出如下研究假设：

假设 5.3：董事长、总经理两职合一的上市公司股权激励对会计信息质量的影响更加显著。

在信息不对称条件下，管理层股权激励很难消除代理人追求利益而产生的道德风险，只有通过股权激励与公司监管、权利制衡等系统性方法才能制约管理层的自利行为，在制约管理层的过程中大股东起到了非常重要的作用。上市公司管理层业绩主要体现在股票价格体系考核以及公司价值的增长上，大股东倾向于发展公司长期计划以达到长远发展和实现公司价值最大化，因而对于保障公司健康经营发展的公司治理非常重视，完善公司治理结构有利于监督制约管理层控制权力。公司治理结构完善是实现控制权利制衡，抑制管理层权力过大的基础，有效地降低了管理层追求自利而侵蚀股东权益的可能性和发生概率。在大股东权利制衡和监督的情况下，支持完善公司治理结构，而管理层通过盈余管理获得股权激励的收益显然并不是最优选择。即便管理层控制力较大，相对股票价格直接影响大股东利益和公司利益，管理层实施盈余管理操纵会计信息而影响会计信息质量下降也并非易事，因此管理层在大股东的制约下，面对股权激励的利益诱惑也会控制不当经营行为，使股权激励的收益相对合理。相反，如果管理层没有受到大股东权利制衡或制衡不足时，管理层获得更高的股权激励收益就会实现股权激励约定的业绩指标以实现自身利益，进而有可能实施盈余管理行为操纵会计信息，降低会计信息质量。因此，提出如下研究假设：

假设 5.4：第一大股东持股比例对股权激励与会计信息质量关系的影响

---

① Dorff, M. B., Does one hand wash the other? Testing the managerial power and optimal contracting theories of executive compensation [J]. Journal of Corporation Law. 2005 (30): 255 - 377.

② 吕长江，赵宇恒．国有企业高层管理者激励效应研究［J］．管理世界，2008（11）：99 - 109.

显著。

管理层的控制权实际上会受到外部监督和内部制衡的双重约束，在监督制衡机制完善的条件下，管理层实施盈余管理行为获得股权激励收益并非易事。特别是我国公司在外部监督力不足的条件下，内部控制尤为重要，一旦管理层对公司控制权过大，股东、董事会与管理层没有实现制衡，必将导致公司股权激励相应的制约机制失效，管理层寻租行为谋取个人利益最大化的可能性增大，其通过盈余管理实现股权激励的最大收益，从而导致会计信息质量降低。Bebchuk 等（2003）①表明，在内部控制条件下，管理者薪酬契约的决定存在内生性。股东授予管理层股权激励，目的是激励管理者降低代理成本，如果管理层通过控制董事会掌握权力，激励机制反而会增加代理成本。在董事会缺少制约管理层控制权的条件下，公司治理达不到约束效果，管理层有机会实施盈余管理和操纵会计信息以实现最大股权激励收益。独立董事制度发挥内部监督董事会和管理层的作用，独立董事作为公司治理的一部分，肩负着行使董事会董事权利与公司利益发生矛盾时做出决策的任务，以独立董事的角度行使权利调节公司内部利益冲突，监督着管理层控制权。管理层获得股权激励收益的同时，如果存在盈余管理操纵会计信息使降低会计信息质量，独立董事在一定程度上可以抑制管理层侵蚀股东的机会主义行为。因此，提出如下研究假设：

假设 5.5：董事会中独立董事的比例对股权激励与会计信息质量的关系影响显著。

5.3 研究设计

5.3.1 研究变量

（1）会计信息质量变量。会计信息质量作为被解释变量，在已有文献关于会计信息质量的测度指标主要有四类：

---

① Bebchuk L. A., Fried J. M. Executive Compensation as An Agency Problem [J]. Journal of Economic Perspectives. 2003. 17 (3): 71 -92.

第一类是以应计盈余质量衡量会计信息质量，以 Dechow 等（1998）①、McNichols（2002）②、Biddle 等（2009）③ 等研究为代表，应计盈余质量越高代表会计信息质量越高。Dechow 等（1998）提出的应计盈余质量模型将未来现金流量的线性估计看作应计盈余质量，以营运资本应计利润表示，当应计盈余质量模型中的估计误差小时，表明营运资本应计利润能显著反映未来现金流量。具体计算公式如表 5.1 所示。

表 5.1 应计盈余质量模型

$$\Delta WC_{i,t} = \lambda_0 + \lambda_1 CFO_{i,t-1} + \lambda_2 CFO_{i,t} + \lambda_3 CFO_{i,t+1} + \varepsilon_{i,t} \quad (5.1)$$

符号	含义	说明
$\Delta WC_{i,t}$	营运资本变化	（应收账款变化值＋存货变化值－应付账款变化值－应交税费变化值＋其他流动资产变化值）/资产总额
$CFO_{i,t-1}$	第 t－1 年经营现金流量	第 t－1 年经营现金流量/资产总额
$CFO_{i,t}$	第 t 年经营现金流量	第 t 年经营现金流量/资产总额
$CFO_{i,t+1}$	第 t＋1 年经营现金流量	第 t＋1 年经营现金流量/资产总额

第二类是以真实盈余质量衡量会计信息质量，以 Roychowdhury（2006）④、Cohen 和 Zarowin（2010）⑤ 等研究为代表，真实盈余质量越高代表会计信息质量越高。真实盈余质量包括异常经营活动现金流、可操控性费用和异常产品成本，其中，异常经营活动现金流用实际的经营活动现金流减去正常的经营活动现金流表示；可操控性费用用操控性费用减去不可操控性费用表示；异常产品成本用实际的产品成本减去正常产品成本表示。正常的经营活动现金流、不可

① Dechow, P., Kothari, S. P., Watts, R. The Relation between earnings and Cash Flows [J]. Joumal of Accounting and Economics. 1998 (25): 133－168.

② McNichols, M, F. The Quality of Accruals and Earnings; The Role of Accrual Estimation Errors [J]. Accounting Review, 2002. 77 (1): 61－69.

③ Biddle, G C., Hilary, G., Verdi, R. S. How does financial reporting quality relate toinvestment efficiency [J]. Journal of Accounting and Economics. 2009. 48 (2－3): 112－131.

④ Roychowdhury, S. Earnings Management through Real Activities Manipulation [J]. Journal of Accounting and Economics. 2006. 42 (3): 335－370.

⑤ Cohen, D. A., Zarowin, P. Accrual－based and real earnings management activities around seasoned equity offerings [J]. Journal of Accounting and Economics. 2010. 50 (1): 2－19.

操控性费用和正常产品成本由 Dechow 和 Dichev（2002）① 研究模型计算得出。具体计算公式如表 5.2 所示。

表 5.2　　真实盈余质量模型

$$REQ = RMCFO + RMPROD - RMDIX \tag{5.2}$$

<table>
<tr><th>符号</th><th>含义</th><th colspan="2">说明</th></tr>
<tr><td>REQ</td><td>真实盈余质量</td><td colspan="2">Zang（2006）、Cohen 和 Zarowin（2010）提出综合三个个体指标 RMCFO、RMDIX 和 RMPROD 计算真实盈余质量</td></tr>
<tr><td rowspan="4">RMCFO</td><td rowspan="4">异常经营活动现金流</td><td colspan="2">实际的经营活动现金流 - 正常的经营活动现金流
其中，正常经营活动现金流与销售额存在线性关系，通过回归即可计算正常经营活动现金流。公式如下：
$$\frac{CFO_{i,t}}{Asset_{i,t-1}} = \lambda_1 \frac{1}{Asset_{i,t-1}} + \lambda_2 \frac{Sales_{i,t}}{Asset_{i,t-1}} + \lambda_3 \frac{\Delta Sales_{i,t}}{Asset_{i,t-1}} + \varepsilon_{i,t} \tag{5.3}$$</td></tr>
<tr><td>$CFO_{i,t}$</td><td>t 年经营活动产生的现金流量净额</td></tr>
<tr><td>$Sales_{i,t}$</td><td>t 年的营业收入</td></tr>
<tr><td>$\Delta Sales_{i,t}$</td><td>t 年与 t-1 年营业收入的变化额</td></tr>
<tr><td rowspan="5">RMPROD</td><td rowspan="5">异常产品成本</td><td colspan="2">实际的产品成本 - 正常产品成本
正常产品成本 = 销售成本 + 当年存货变动额
其中，销售成本与当期销售存在线性关系，通过回归即可计算。公式如下：
$$\frac{COGS_{i,t}}{Asset_{i,t-1}} = \lambda_1 \frac{1}{Asset_{i,t-1}} + \lambda_2 \frac{Sales_{i,t}}{Asset_{i,t-1}} + \varepsilon_{i,t} \tag{5.4}$$
当年存货变动额与当年及上年销售变动额存在线性关系，通过回归即可计算。公式如下：
$$\frac{\Delta INV_{i,t}}{Asset_{i,t-1}} = \lambda_1 \frac{1}{Asset_{i,t-1}} + \lambda_2 \frac{\Delta Sales_{i,t}}{Asset_{i,t-1}} + \lambda_3 \frac{\Delta Sales_{i,t-1}}{Asset_{i,t-1}} + \varepsilon_{i,t} \tag{5.5}$$
根据公式（5.4）和公式（5.5）计算正常产品成本：
$$\frac{PROD_{i,t}}{Asset_{i,t-1}} = \lambda_1 \frac{1}{Asset_{i,t-1}} + \lambda_2 \frac{Sales_{i,t}}{Asset_{i,t-1}} + \lambda_3 \frac{\Delta Sales_{i,t}}{Asset_{i,t-1}} + \lambda_4 \frac{\Delta Sales_{i,t-1}}{Asset_{i,t-1}} + \varepsilon_{i,t} \tag{5.6}$$</td></tr>
<tr><td>$COGS_{i,t}$</td><td>t 年销售成本</td></tr>
<tr><td>$\Delta INV_{i,t}$</td><td>t 年与 t-1 年存货变动额</td></tr>
<tr><td>$\Delta Sales_{i,t-1}$</td><td>t-1 年与 t-2 年销售收入的变化额</td></tr>
<tr><td>$PROD_{i,t}$</td><td>t 年产品成本</td></tr>
</table>

① Dechow, P. and Dichev, I. The quality of accruals and earnings: The role of accrual estimation errors [J]. The Accounting Review. 2002 (77): 35-59.

续表

<table>
<tr><td colspan="4">REQ = RMCFO + RMPROD - RMDIX (5.2)</td></tr>
<tr><td>符号</td><td>含义</td><td colspan="2">说明</td></tr>
<tr><td rowspan="2">RMDIX</td><td rowspan="2">可操控性费用</td><td colspan="2">操控性费用 - 不可操控性费用
其中，不可操控性费用通过回归即可计算，具体公式如下：
$$\frac{DISXEP_{i,t}}{Asset_{i,t-1}} = \lambda_0 + \lambda_1 \frac{1}{Asset_{i,t-1}} + \lambda_2 \frac{Sales_{i,t-1}}{Asset_{i,t-1}} + \varepsilon_{i,t} \quad (5.7)$$</td></tr>
<tr><td>$DISXEP_{i,t}$</td><td>t 年的不可操控性费用</td></tr>
</table>

第三类是以操控性应计利润法衡量会计信息质量，以 Jones （1991）①、Dechow 等 （1995）②、夏立军 （2003）③ 等研究为代表，操控性应计利润越大代表会计信息质量越低。应计项目是指应当计入当期损益的项目，会计准则给予管理层职业判断的空间，使管理层具有操纵的动机，因此应计项目的质量可以用作评价公司的会计信息质量。总应计利润包括可操控性应计利润和非操控性应计利润。大部分文献中操控性应计利润都是由修正的 Jones 模型计算得出。具体计算公式如表 5.3 所示。

表 5.3 操控性应计利润模型

<table>
<tr><td colspan="4">$DA_{i,t} = TA_{i,t} - NDA_{i,t}$ (5.8)</td></tr>
<tr><td>符号</td><td>含义</td><td colspan="2">说明</td></tr>
<tr><td>$DA_{i,t}$</td><td>可操控性应计利润</td><td colspan="2">总应计利润 - 非操控性应计利润</td></tr>
<tr><td rowspan="3">$TA_{i,t}$</td><td rowspan="3">总应计利润</td><td colspan="2">净利润减去经营活动现金流量。具体公式如下：
$TA_{i,t} = NI_{i,t} - CFO_{i,t}$ (5.9)</td></tr>
<tr><td>$NI_{i,t}$</td><td>净利润</td></tr>
<tr><td>$CFO_{i,t}$</td><td>经营活动现金流量</td></tr>
</table>

① Jones. J. J. Earnings Management during import relief investigations ［J］. Jouenal of Accounting Research. 1991 （29）：193 - 228.

② Dechow, P. , Sloan and A. Sweeney. Detecting Earnings Management ［J］. The Accounting Review. 1995 （70）：193 - 225.

③ 夏立军. 盈余管理计量模型在中国股票市场的应用研究 ［J］. 中国会计与财务研究，2003 （2）：95 - 123.

续表

<table>
<tr><td colspan="4">$$DA_{i,t} = TA_{i,t} - NDA_{i,t} \quad (5.8)$$</td></tr>
<tr><th>符号</th><th>含义</th><th colspan="2">说明</th></tr>
<tr><td rowspan="4">$NDA_{i,t}$</td><td rowspan="4">非操控性应计利润</td><td colspan="2">具体计算步骤如下：
(1) 对修正 Jones 模型进行回归，得到参数 λ_0、λ_1 和 λ_2。
$$\frac{TA_{i,t}}{Asset_{i,t-1}} = \lambda_0 \frac{1}{Asset_{i,t-1}} + \lambda_1 \frac{\Delta REV_{i,t} - \Delta REC_{i,t}}{Asset_{i,t-1}} + \lambda_2 \frac{PPE_{i,t}}{Asset_{i,t-1}} + \varepsilon_{i,t} \quad (5.10)$$
(2) 将参数 λ_0、λ_1 和 λ_2 代入公式 (5.10)，计算非操控性应计利润。
$$\frac{NDA_{i,t}}{Asset_{i,t-1}} = \lambda_0 \frac{1}{Asset_{i,t-1}} + \lambda_1 \frac{\Delta REV_{i,t} - \Delta REC_{i,t}}{Asset_{i,t-1}} + \lambda_2 \frac{PPE_{i,t}}{Asset_{i,t-1}}$$</td></tr>
<tr><td>$\Delta REV_{i,t}$</td><td>营业收入变化值</td></tr>
<tr><td>$\Delta REC_{i,t}$</td><td>应收账款变化值</td></tr>
<tr><td>$PPE_{i,t}$</td><td>固定资产原值</td></tr>
</table>

第四类是以深圳证券交易所建立的信息披露评价体系得出的评价结果衡量会计信息质量，以陈冬等（2012）① 等研究为代表，评价结果优秀表明会计信息质量高。深圳证券交易所建立的信息披露评价体系的评价结果哑变量，以 NE 表示，当评价结果为 A（优秀）时，取值为 1，否则为 0。

本章将采用修正的 Jones 模型计算出的操控性应计利润衡量会计信息质量。在已有的文献中，深圳证券交易所披露的信息评价结果得到了广泛运用，为了证明结果的稳健性，本章还采用深圳证券交易所建立的信息披露评价体系的评价结果测度会计信息质量对模型进行了稳健性检验。

(2) 股权激励变量。股权激励作为解释变量，本章将采用公司股票价格变动 1% 时管理层的股票和期权价值的变化（MRS）衡量股权激励水平，具体计算方法见第 4.3 节。

(3) 所有权性质变量（OWNER）。所有权性质变量用 OWNER 表示。已有文献关于所有权性质不同对管理层盈余管理的影响的研究结论并不一致，如国有企业比起非国有企业表现出更低的盈余质量（王化成和佟岩，2006②），

① 陈冬，唐建新．高管薪酬、避税寻租与会计信息披露［J］．经济管理，2012（5）：114－122.

② 王化成，佟岩．控股股东与盈余质量——基于盈余反应系数的考察［J］．会计研究，2006（2）：66－74.

国有控股上市公司存在管理者为获得股权激励收益进行盈余管理的行为（周晖、马瑞和朱久华，2010①）；国有控股上市公司治理效应优于非国有控股公司，管理层盈余管理行为显著低于非国有控股公司（薄仙慧和吴联生，2009②；吕长江和赵宇恒，2008③；孙铮、李增泉、王景斌，2006④）。本章依据公司披露的实际控制人信息判断国有控股与非国有控公司。为检验不同所有权性质下股权激励对会计信息质量的差异影响，本章研究引入所有权性质变量，如果上市公司是国有控股公司，取值为1；如果上市公司是非国有控股公司，取值为0。

（4）管理层控制权变量（COM）。管理层控制权变量选取董事长、总经理是否两职合一虚拟变量，以COM表示。总经理与董事长为同一人可能会扩大管理层控制权，削弱董事会的监督权，使管理层经营决策权较大，很可能造成管理层控制权滥用，如管理层为了股权激励收益会滥用职权。为检验管理层控制权变量对股权激励与会计信息质量关系的影响，本章引入董事长、总经理是否两职合一，如果上市公司董事长和总经理两职合一，取值为1，否则取值为0。

（5）股权结构变量（LARGEST）。股权结构变量选取第一大股东持股比例，以LARGEST表示。股权集中度可以直接影响管理层的决策行为，但是对于控股股东持股比例对管理层盈余管理的影响的结论并不统一。主要结论包括：第一大股东持股比例越大，公司倾向于通过盈余管理获得收益，原因在于股东具有盈余管理的动机和能力（孟焰和张秀梅，2006）⑤；第一大股东持股比例与盈余质量正相关（王化成，2008）⑥；第一大股东持股比例与盈余管理并非线性关系，而是呈倒“U”形关系（张兆国、刘晓霞和邢道勇，2009）⑦。

---

① 周晖，马瑞，朱久华．中国国有控股上市公司高管薪酬激励与盈余管理［J］．财经理论与实践，2010（4）：48－52.

② 薄仙慧，吴联生．国有控股与机构投资者的治理效应：盈余管理视角［J］．经济研究，2009（2）：81－91.

③ 吕长江，赵宇恒．国有企业高层管理者激励效应研究［J］．管理世界，2008（11）：99－109.

④ 孙铮，李增泉，王景斌．所有权性质、会计信息与债务契约——来自我国上市公司的经验证据［J］．管理世界，2006（10）：100－107.

⑤ 孟焰，张秀梅．上市公司关联方交易盈余管理与关联方利益转移关系研究［J］．会计研究，2006（4）：37－43.

⑥ 王化成．中国上市公司盈余质量研究［M］．北京：中国人民大学出版社，2008：260－288.

⑦ 张兆国，刘晓霞，邢道勇．公司治理结构与盈余管理——来自中国上市公司的经验证据［J］．中国软科学，2009（1）：122－133.

为了检验股权结构对股权激励与会计信息质量关系的影响，本章引入第一大股东持股比例作为变量。

（6）董事会治理变量（ID）。外部董事和内部董事构成了董事会，已有研究表明董事会治理会影响公司的盈余管理（王化成，2008）①。外部董事独立于公司的经营管理，对于管理层的盈余管理行为起到了一定的监督与约束作用。董事会规模（李延喜、包世泽、高锐和孔宪京，2007）②、独立董事比例（张兆国等，2009）与盈余管理显著相关。Laux 等（2009）③ 通过构建董事会结构与薪酬激励和盈余管理关系模型，表明公司薪酬激励会影响管理层盈余管理行为，而完善的董事会治理能够有效制约管理层操纵会计信息行为，原因在于董事会下薪酬委员会和审计委员会可以监督管理层的盈余行为。为了检验董事会治理对股权激励与会计信息质量关系的影响，本章引入独立董事比例作为变量。

（7）控制变量。

①公司规模（SIZE）。关于公司规模与盈余管理的文献存在截然不同的结论，一方面，规模大的公司比规模小的公司政府资源丰富，容易受到政策支持和优惠，因此管理层存在进行盈余管理提高业绩的动机；另一方面，公司规模大意味着受到各方关注度增加，监管力度和范围也大，进行盈余管理的成本较高，会抑制管理层通过盈余管理行为操纵会计信息。Watts 和 Zimmerman（1986）④ 提出为了避免受到政府严厉监管，规模大的公司不会进行盈余管理提高利润。因此，本章引入公司规模作为控制变量，在实证检验中公司规模采用总资产的自然对数表示。

②盈利能力（ROE）。对于资本市场上的上市公司而言，盈余管理的动机包括保牌、增发配股等，根本目的是达到以一定的经营业绩和符合相应的会计利润和盈利要求。因此，本章引入盈利能力作为控制变量，在实证检验中盈利能力采用净利润与净资产的比例表示。

③资产负债率（LEV）。资产负债率高的公司会受到债权人的监督，并且

---

① 王化成，中国上市公司盈余质量研究［M］. 北京：中国人民大学出版社，2008：232－256.

② 李延喜，包世泽，高锐，孔宪京 . 薪酬激励、董事会监管与上市公司盈余管理［J］. 南开管理评论，2007. 10（6）：51－61.

③ Laux，C.，and V. Laux. Board Committees，Ceo Compensation，and Earnings Management［J］. Accounting Review. 2009.　84（3）：869－891.

④ Watts，R. Zimmerman，J. Positive accounting theory［M］. Englewood Cliffs，Prentice－Hall. 1986.

会相对提高对公司经营的监督需求，从而缩小管理层盈余管理的空间，制约了管理层操纵会计信息降低会计信息质量的行为。因此，本章引入资产负债率作为控制变量，在实证检验中资产负债率采用负债总额与资产总额的比例表示。

④年度（YEAR）。年度虚拟变量以 YEAR 表示，用以控制会计信息质量的年度间差异。当变量数据属于年度 j 时取值 1，否则为 0。

⑤行业（IND）。行业虚拟变量以 IND 表示，用以控制会计信息质量的行业间差异。当变量数据属于行业 k 时取值 1，否则为 0。

研究变量及定义如表 5.4 所示 。

表 5.4　　研究变量及定义

变量类型	变量名称	说明
被解释变量	会计信息质量（DA）	可操控性应计利润
	会计信息质量（NE）	深圳证券交易所信息评价结果
解释变量	股权激励（MRS）	MRS = 管理层持股数 × 股票价格 ×1% /（薪酬最高的三名管理层薪酬之和 + 管理层持股数 × 股票价格 ×1%）
调节变量	所有权性质（OWNER）	如果上市公司是非国有控股公司，取值为 1；如果上市公司是国有控股公司，取值为 0
	管理层控制权（COM）	如果上市公司董事长和总经理两职合一，取值为 1，否则取值为 0
	股权结构（LARGEST）	第一大股东持股比例
	董事会治理（ID）	独立董事比例
控制变量	公司规模（SIZE）	采用总资产的自然对数表示
	盈利能力（ROE）	采用净利润与净资产的比例表示
	资产负债率（LEV）	采用负债总额与资产总额的比例表示
	年度（YEAR）	年度虚拟变量，当变量数据属于年度 j 时取值 1，否则为 0
	行业（IND）	行业虚拟变量，当变量数据属于行业 k 时取值 1，否则为 0

5.3.2　模型设定

本章主要采用多元回归分析方法对我国上市公司股权激励与会计信息质量

之间的关系进行研究。为检验假设 5.1 至假设 5.5，本章建立了以下检验模型：

（1）检验股权激励与会计信息质量关系的模型：

$$DA_{i,t} = \lambda_0 + \lambda_1 MRS_{i,t} + \lambda_2 SIZE_{i,t} + \lambda_3 ROE_{i,t} + \lambda_4 LEV_{i,t} + \lambda_5 YEAR_{i,t} + \lambda_6 IND_{i,t} + \varepsilon_{i,t} \tag{5.1}$$

模型 5.1 检验了股权激励与会计信息质量的关系，其中 λ_1 表示股权激励的系数，若 λ_1 显著大于零则说明管理层股权激励促使管理层实施盈余管理，从而降低会计信息质量；反之亦然。

（2）检验上市公司所有权性质对股权激励与会计信息质量关系影响的模型：

$$DA_{i,t} = \lambda_0 + \lambda_1 MRS_{i,t} + \lambda_2 OWNER_{i,t} \times MRS_{i,t} + \lambda_3 SIZE_{i,t} + \lambda_4 ROE_{i,t} + \lambda_5 LEV_{i,t} + \lambda_6 YEAR_{i,t} + \lambda_7 IND_{i,t} + \varepsilon_{i,t} \tag{5.2}$$

模型 5.2 检验了上市公司所有权性质对股权激励与会计信息质量关系的影响，因此引入所有权性质与股权激励的交互项（OWNER × MRS），其中 λ_2 表示所有权性质不同会对股权激励与会计信息质量的关系产生不同影响，若 λ_2 大于零则说明相对于国有控股公司，非国有控股公司对股权激励与会计信息质量关系的影响更显著；反之亦然。

（3）检验上市公司管理层控制权对股权激励与会计信息质量关系影响的模型：

$$DA_{i,t} = \lambda_0 + \lambda_1 MRS_{i,t} + \lambda_2 COM_{i,t} \times MRS_{i,t} + \lambda_3 SIZE_{i,t} + \lambda_4 ROE_{i,t} + \lambda_5 LEV_{i,t} + \lambda_6 YEAR_{i,t} + \lambda_7 IND_{i,t} + \varepsilon_{i,t} \tag{5.3}$$

模型 5.3 检验了上市公司管理层控制权对股权激励与会计信息质量关系的影响，因此引入董事长和总经理两职是否兼任与股权激励的交互项（COM × MRS），其中 λ_2 表示董事长和总经理两职是否兼任会对股权激励与会计信息质量的关系产生不同影响，若 λ_2 大于零则说明相对于非两职合一，两职合一对股权激励与会计信息质量关系的影响更显著；反之亦然。

（4）检验上市公司股权结构对股权激励与会计信息质量关系影响的模型：

$$DA_{i,t} = \lambda_0 + \lambda_1 MRS_{i,t} + \lambda_2 LARGEST_{i,t} \times MRS_{i,t} + \lambda_3 SIZE_{i,t} + \lambda_4 ROE_{i,t} + \lambda_5 LEV_{i,t} + \lambda_6 YEAR_{i,t} + \lambda_7 IND_{i,t} + \varepsilon_{i,t} \tag{5.4}$$

模型 5.4 检验了上市公司股权结构对股权激励与会计信息质量关系的影响，因此引入大股东持股比例与股权激励的交互项（LARGEST × MRS），其中 λ_2 表示大股东持股比例对股权激励与会计信息质量的关系的影响程度，若 λ_2

大于零则说明随着第一大股东持股比例增加，股权激励对会计信息质量的影响效果增强；否则说明大股东与管理层之间存在制约，不利于股权激励对会计信息质量的影响。

（5）检验上市公司董事会治理对股权激励与会计信息质量关系影响的模型：

$$DA_{i,t} = \lambda_0 + \lambda_1 MRS_{i,t} + \lambda_2 ID_{i,t} \times MRS_{i,t} + \lambda_3 SIZE_{i,t} + \lambda_4 ROE_{i,t} + \lambda_5 LEV_{i,t} + \lambda_6 YEAR_{i,t} + \lambda_7 IND_{i,t} + \varepsilon_{i,t} \quad (5.5)$$

模型5.5检验了上市公司董事会治理对股权激励与会计信息质量关系的影响，因此引入独立董事比例与股权激励的交互项（ID×MRS），其中λ_2表示独立董事比例对股权激励与会计信息质量的关系的影响程度，若λ_2大于零则说明随着独立董事比例增加，股权激励对会计信息质量的影响效果增强；否则说明独立董事与管理层之间存在制约，不利于股权激励对会计信息质量的影响。

其中，λ_0为回归方程的截距项；λ_i（i=1，2，…，7）为各变量的回归系数；$\varepsilon_{i,t}$是误差项。

5.3.3 样本选择与数据来源

本章对样本进行如下处理，如表5.5所示。

表5.5 样本处理步骤

步骤	说明
1	剔除金融保险业公司样本，原因在于金融业务具有特殊性，遵循的会计准则以及会计处理方法与其他行业显著不同
2	剔除缺失财务数据的公司
3	剔除财务状况异常的ST公司或PT公司，原因在于通常ST公司或PT公司盈利能力较差，财务报告的风险较大，会影响实证分析的可靠性
4	剔除当年新上市的公司，因为新上市公司出于首次公开发行股票（IPO）动机进行盈余管理，影响实证结果的可靠性

注：为消除极端值的影响，对连续变量进行1%的Winsorize处理。

经过以上处理步骤，最终确定1142家A股上市公司，3426个样本观测点。其中，国有控股上市公司样本数为1806个，非国有控股上市公司样本数为1620个。本章数据主要来源于国泰安数据中心的CSMAR数据库，所有权性质数据来源于CCER数据库。

5.4　实证结果与分析

5.4.1　描述性统计

主要变量的描述性统计结果如表 5.6 所示。

表 5.6　　　　主要变量的描述性统计

变量	样本数（个）	平均值	中位数	最大值	最小值	标准差
DA	3426	0.0141	0.0124	3.9753	-2.3472	0.1536
MRS	3426	0.1988	0.0024	1.0000	0.0000	0.3458
OWNER	3426	0.5271	1.0000	1.0000	0.0000	0.4993
COM	3426	0.1818	0.0000	1.0000	0.0000	0.3858
LARGEST	3426	0.3715	0.3542	0.8635	0.0148	0.1573
ID	3426	0.3700	0.3333	0.8000	0.1250	0.0565
SIZE	3426	22.0930	21.9110	28.4052	18.8331	1.3149
ROE	3426	0.1078	0.0912	7.5411	-0.0980	0.1468
LEV	3426	0.4681	0.4811	0.9403	0.0071	0.2027

从表 5.6 看，DA 的最大值为 3.9753，最小值为 -2.3472，均值为 0.0141，表明我国上市公司存在一定程度的可操控性应计利润，并且各公司之间的可操控性应计利润差异较大。MRS 的最大值为 1，最小值为 0，均值为 0.1988，表明不同公司对管理层实施的股权激励有差别。OWNER 的最大值为 1，最小值为 0，均值为 0.5271。COM 的最大值为 1，最小值为 0，均值为 0.1818。LARGEST 的最大值为 0.8635，最小值为 0.0148，均值为 0.3715。ID 的最大值为 0.8000，最小值为 0.1250，均值为 0.3700。SIZE 的最大值为 28.4052，最小值为 18.8331，标准差为 1.3149，表明我国上市公司规模差异较大。ROE 的最大值为 7.5411，最小值为 -0.0980，均值为 0.1078，表明我国上市公司资产收益率差异较大。LEV 的最大值为 0.9403，最小值为 0.0071，

均值为0.4681，表明我国上市公司资产负债率差异较大。

不同所有权性质公司的主要变量的描述性统计结果如表5.7所示。

表5.7 不同所有权性质公司主要变量的描述性统计

变量	国有控股公司				非国有控股公司			
	样本数（个）	平均值	中位数	标准差	样本数（个）	平均值	中位数	标准差
DA	1806	0.0111	0.0141	0.1066	1620	0.0176	0.0098	0.1929
MRS	1806	0.0355	0.0004	0.1225	1620	0.3809	0.0856	0.4162
SIZE	1806	22.5184	22.2597	1.3920	1620	21.6187	21.4777	1.0346
ROE	1806	0.1052	0.0916	0.0730	1620	0.1106	0.0907	0.1991
LEV	1806	0.5177	0.5361	0.1885	1620	0.4128	0.4232	0.2038

表5.7显示，国有控股公司样本数为1806个，DA平均值为0.0111，非国有控股公司样本数为1620个，DA平均值为0.0176，表明非国有控股公司的可操控性应计利润比国有控股公司程度大。国有控股公司MRS平均值为0.0355，非国有控股公司MRS平均值为0.3809，表明非国有控股公司比国有控股公司会实施更多管理层股权激励。国有控股公司SIZE平均值为22.5184，非国有控股公司SIZE平均值为21.6187，表明国有控股公司比非国有控股公司规模大。国有控股公司ROE平均值为0.1052，非国有控股公司ROE平均值为0.1106，表明非国有控股公司资产收益率较高。国有控股公司LEV平均值为0.5177，非国有控股公司LEV平均值为0.4128，表明国有控股公司资产负债比率比非国有控股公司程度大。

不同管理层控制权公司的主要变量的描述性统计结果如表5.8所示。

表5.8 不同管理层控制权公司主要变量的描述性统计

变量	董事长和总经理两职合一公司				董事长和总经理非两职合一公司			
	样本数（个）	平均值	中位数	标准差	样本数（个）	平均值	中位数	标准差
DA	623	0.0261	0.0078	0.2277	2803	0.0115	0.0133	0.1315
MRS	623	0.4046	0.0867	0.4268	2803	0.1531	0.0014	0.3069
SIZE	623	21.6250	21.4147	1.1468	2803	22.1970	22.0044	1.3274
ROE	623	0.1192	0.0949	0.3057	2803	0.1052	0.0907	0.0746
LEV	623	0.3994	0.4034	0.2141	2803	0.4833	0.4951	0.1969

表 5.8 显示，董事长和总经理两职合一公司样本数为 623 家，DA 平均值为 0.0261，董事长和总经理非两职合一公司样本数为 2803 家，DA 平均值为 0.0115，表明两职合一公司的可操控性应计利润比非两职合一公司程度大。两职合一公司 MRS 平均值为 0.4046，非两职合一公司 MRS 平均值为 0.1531，表明两职合一公司比非两职合一公司会实施更多管理层股权激励。两职合一公司 SIZE 平均值为 21.6250，非两职合一公司 SIZE 平均值为 22.1970，表明非两职合一公司比两职合一公司规模大。两职合一公司 ROE 平均值为 0.1192，非两职合一公司 ROE 平均值为 0.1052，表明两职合一公司资产收益率较高。两职合一公司 LEV 平均值为 0.3994，非两职合一公司 LEV 平均值为 0.4833，表明非两职合一公司资产负债比率比两职合一公司程度大。

为了检验各个变量与会计信息质量之间的相关关系，表 5.9 列示了相关系数矩阵。从表 5.9 中可以看出，MRS 与 DA 系数为 0.0390，且股权激励与可操控性应计利润显著正相关，初步验证了本章的假设。OWNER 与 DA 正相关，说明所有权性质会影响可操控性应计利润。COM 与 DA 显著正相关，说明董事长与总经理是否两职合一显著影响可操控性应计利润。LARGEST、ID 与 DA 负相关，说明第一大股东持股比例与独立董事比例越高，可操控性应计利润越低，会计信息质量越高。SIZE 与 DA 显著正相关，说明公司规模越大，可操控性应计利润越高，会计信息质量越低。ROE、LEV 与 DA 显著正相关，说明公司盈利能力和负债水平越高越促进公司的可操控性应计利润，会计信息质量越低。

表 5.9　　　　相关系数矩阵

	DA	MRS	OWNER	COM	LARGEST	ID	SIZE	ROE	LEV
DA	1.0000								
MRS	0.0390 **	1.0000							
OWNER	0.0210 *	0.4988 ***	1.0000						
COM	0.0368 **	0.2806 ***	0.2431 ***	1.0000					
LARGEST	-0.0061 *	-0.1951 ***	-0.2170 ***	-0.0915 ***	1.0000				
ID	-0.0044 *	0.0037	-0.0017	0.1043 ***	0.0862 ***	1.0000			
SIZE	0.0906 ***	-0.2682 ***	-0.3416 ***	-0.1678 ***	0.3087 ***	0.1143 ***	1.0000		
ROE	0.3008 ***	0.0074	0.0184	0.0368 **	0.0397 **	0.0048	0.0668 ***	1.0000	
LEV	0.0491 ***	-0.3078 ***	-0.2583 ***	-0.1597 ***	0.1142 ***	0.0388 **	0.5130	0.0472 ***	1.0000

注：***表示在 1% 的水平上显著；**表示在 5% 的水平上显著；* 表示在 10% 的水平上显著。

5.4.2 回归结果分析

（1）模型5.1回归结果。股权激励（MRS）与可操控性应计利润（DA）的回归结果如表5.10所示，可以看出管理层股权激励与可操控性应计利润显著正相关，系数在1%的水平上显著为正，表明公司对管理层实施股权激励会影响管理层采取盈余管理策略，管理层为了实现税后利益最大化很可能操纵会计信息降低会计信息质量。管理层股权激励水平越高，可操控性应计利润越高，会计信息质量越低。检验结果证实了假设5.1。公司规模（SIZE）与可操控性应计利润显著正相关，系数在1%的水平上显著为正，表明公司规模越大，公司越会采取更多的盈余管理行为，降低会计信息质量。盈利能力（ROE）与可操控性应计利润显著正相关，系数在1%的水平上显著为正，表明盈利能力越高，公司越会采取更多的盈余管理行为，原因是公司要提高盈利很可能会操纵会计信息。资产负债率（LEV）与可操控性应计利润显著负相关，系数在5%的水平上显著为负，表明负债水平能够起到制约盈余管理行为的作用。

表5.10 模型5.1回归结果

变量	系数	t值
MRS	0.0180***	3.5389
SIZE	0.0145***	8.9393
ROE	0.1047***	4.2847
LEV	-0.0234**	-2.2678
(Constant)	0.3000	-8.6267
YEAR	controlled	controlled
IND	controlled	controlled
R-squared	0.0750	
F-statistic	16.2582	
Durbin-Watson stat	1.9281	
样本数（个）	3426	

注：***表示在1%的水平上显著；**表示在5%的水平上显著。

（2）模型 5.2 回归结果。国有控股公司股权激励（MRS）与可操控性应计利润（DA）的回归结果和非国有控股公司股权激励（MRS）与可操控性应计利润（DA）的回归结果如表 5.11 所示。从国有控股公司的回归结果可以看出，MRS 与 DA 的回归系数为 -0.0241，t 值为 -1.3739，并且回归系数并不显著。因此，国有控股公司股权激励与会计信息质量不存在显著的相关关系。控制变量中，公司规模（SIZE）、盈利能力（ROE）与可操控性应计利润显著正相关，系数在 1% 的水平上显著为正；资产负债率（LEV）与可操控性应计利润显著负相关，系数在 1% 的水平上显著为负。从非国有控股公司的回归结果可以看出，MRS 与 DA 的回归系数为 0.0236，t 值为 3.7196，并且回归系数在 1% 的水平上显著为正，说明非国有控股公司管理层股权激励与可操控性应计利润显著正相关。控制变量中，公司规模、盈利能力与可操控性应计利润显著正相关，系数在 1% 的水平上显著为正；资产负债率与可操控性应计利润显著负相关，系数在 10% 的水平上显著为负。检验结果显示，国有控股公司与非国有控股公司管理层股权激励与会计信息质量的关系存在差异，所有权性质会影响管理层股权激励与会计信息质量的关系。MRS 与 DA 的系数在 10% 的水平下显著正相关。所有权性质（OWNER）和股权激励（MRS）的交叉项系数在 1% 的水平上显著为正，说明所有权性质不同会对股权激励与会计信息质量的关系产生不同影响。相对于国有控股公司，非国有控股公司对股权激励与会计信息质量的影响更显著。非国有控股公司实施股权激励会比国有控股公司采取更多的盈余管理行为，降低会计信息质量。检验结果证实了假设 5.2。

表 5.11　　不同所有权性质公司的回归结果

变量	国有控股公司		非国有控股公司		全样本	
	系数	t 值	系数	t 值	系数	t 值
MRS	-0.0241	-1.3739	0.0236***	3.7196	0.0353*	3.9168
OWNER × MRS					0.0613***	2.4740
SIZE	0.0116***	6.1451	0.0235***	7.5573	0.0105***	4.1990
ROE	0.0867***	2.7050	0.1249***	3.3196	0.3074***	6.6996
LEV	-0.0358***	-2.6671	-0.0251*	-1.5568	-0.0141	-0.7713
(Constant)	-0.2091	-5.0945	-0.5152	-7.8715	-0.2320	-3.9168
YEAR	controlled	controlled	controlled	controlled	controlled	controlled
IND	controlled	controlled	controlled	controlled	controlled	controlled

续表

变量	国有控股公司		非国有控股公司		全样本	
	系数	t值	系数	t值	系数	t值
R - squared	0.0711		0.1149		0.1203	
F - statistic	8.0551		12.2436		25.9038	
Durbin - Watson stat	1.9402		1.9357		1.9155	
样本数（个）	1806		1620		3426	

注：①***表示在1%的水平上显著；*表示在10%的水平上显著。

②×表示其前后变量为交叉项。

（3）模型5.3回归结果。为了检验上市公司管理层控制权对股权激励与会计信息质量关系的影响，引入董事长和总经理两职是否兼任与股权激励的交互项，管理层控制权对股权激励与会计信息质量关系的影响的回归结果如表5.12所示。股权激励与可操控性应计利润的系数在1%的水平下显著正相关。管理层控制权（COM）和股权激励的交互项系数在10%的水平上显著为正，说明董事长和总经理两职是否兼任会对股权激励与会计信息质量的关系产生不同影响。相对于两职不兼任，两职兼任对股权激励与会计信息质量的影响更显著。董事长和总经理两职合一公司实施股权激励会比非两职合一公司采取更多的盈余管理行为，操纵会计信息降低会计信息质量。检验结果证实了假设5.3。控制变量中，公司规模、盈利能力与可操控性应计利润显著正相关，系数在1%的水平上显著为正。

表5.12　　模型5.3回归结果

变量	系数	t值
MRS	0.0235***	2.5865
COM×MRS	0.0108*	0.8453
SIZE	0.0100***	4.4944
ROE	0.3044***	17.817
LEV	0.0094	0.6416
(Constant)	-0.2566	-5.4073
YEAR	controlled	controlled
IND	controlled	controlled

续表

变量	系数	t 值
R - squared	0.1008	
F - statistic	54.7498	
Durbin - Watson stat	1.8893	
样本数（个）	3426	

注：① ***表示在 1% 的水平上显著；* 表示在 10% 的水平上显著。

② × 表示其前后变量为交叉项。

（4）模型 5.4 回归结果。为了检验上市公司股权结构对股权激励与会计信息质量关系的影响，引入大股东持股比例与股权激励的交互项，股权结构对股权激励与会计信息质量关系的影响的回归结果如表 5.13 所示。MRS 与 DA 的系数在 1% 的水平下显著正相关。股权结构（LARGEST）和股权激励（MRS）的交互项系数在 10% 的水平上显著为负，说明股权结构会对股权激励与会计信息质量的关系产生不同影响。随着第一大股东持股比例增加，会制约股权激励对会计信息质量的影响效果。第一大股东持股比例增加，制衡管理层权利，降低了管理层追求股权激励利益而降低会计信息质量的发生概率。检验结果证实了假设 5.4。控制变量中，公司规模、盈利能力与可操控性应计利润显著正相关，系数在 1% 的水平上显著为正。

表 5.13　　　　模型 5.4 回归结果

变量	系数	t 值
MRS	0.0367 **	2.1087
LARGEST × MRS	-0.0419 *	-0.8574
SIZE	0.0102 ***	4.3309
ROE	0.3063 ***	17.983
LEV	-0.0127	-0.8134
(Constant)	-0.2254	-4.4192
YEAR	controlled	controlled
IND	controlled	controlled
R - squared	0.1193	
F - statistic	25.6415	

续表

变量	系数	t 值
Durbin – Watson stat	1.9149	
样本数（个）	3426	

注：①***表示在1%的水平上显著；**表示在5%的水平上显著；*表示在10%的水平上显著。

②×表示其前后变量为交叉项。

（5）模型5.5回归结果。为了检验上市公司董事会治理对股权激励（MRS）与会计信息质量关系的影响，引入独立董事比例与股权激励的交互项，董事会治理对股权激励与会计信息质量关系的影响的回归结果如表5.14所示。MRS与DA的系数在10%的水平下显著正相关。董事会治理（ID）和股权激励（MRS）的交互项系数在10%的水平上显著为负，说明董事会治理会对股权激励与会计信息质量的关系产生不同影响。随着独立董事比例增加，制约股权激励对会计信息质量的影响效果。独立董事比例增加，制衡管理层权利，降低了管理层追求股权激励利益而降低会计信息质量的发生概率。检验结果证实了假设5.5。控制变量中，公司规模、盈利能力与可操控性应计利润显著正相关，系数在1%的水平上显著为正。

表5.14　　模型5.5回归结果

变量	系数	t 值
MRS	0.080463*	1.870459
ID×MRS	−0.153129*	−1.349582
SIZE	0.010293***	4.345233
ROE	0.306259***	17.98693
LEV	−0.012799	−0.818650
(Constant)	−0.2259	−4.4299
YEAR	controlled	controlled
IND	controlled	controlled
R – squared	0.1195	
F – statistic	25.7100	
Durbin – Watson stat	1.9149	
样本数（个）	3426	

注：①***表示在1%的水平上显著；*表示在10%的水平上显著。

②×表示其前后变量为交叉项。

5.5　稳健性检验

为了检验结果的稳健性，本章采用换取样本量和被解释变量的方法，利用深圳证券交易所建立的信息披露评价体系的评价结果测度会计信息质量对模型 5.1 至模型 5.5 的结果进行了敏感性测试。最终确定 2015—2017 年 1861 个样本观测点。深圳证券交易所建立的信息披露评价体系，以 NE 表示，当评价结果为 A（优秀）时，取值为 1，否则为 0。

表 5.15　　　　　　　　　　稳健性检验结果

变量	模型 5.1	模型 5.2	模型 5.3	模型 5.4	模型 5.5
MRS	-0.1030*** (4.1125)	-0.0864*** (2.9978)	-0.1236*** (4.1073)	-0.0165* (0.2511)	-0.1456* (0.9215)
OWNER × MRS		-0.2796*** (-2.5073)			
COM × MRS			-0.1208** (-2.2416)		
LARGEST × MRS				0.3586* (1.8453)	
ID × MRS					0.6522* (1.5483)
SIZE	0.1199*** (11.5717)	0.1123*** (10.6268)	0.1170*** (11.2904)	0.1133*** (10.6869)	0.1167*** (11.2787)
ROE	0.1728*** (3.4654)	0.1654* (1.3929)	0.1619* (1.3147)	0.1692* (1.4015)	0.1726* (1.4329)
LEV	-0.4923*** (-8.3300)	-0.4336*** (-7.9603)	-0.4431*** (-8.1620)	-0.4463*** (-8.2386)	-0.4442*** (-8.1644)
(Constant)	-2.2890 (-10.2708)	-2.1118 (-9.8061)	-2.2249 (-10.4362)	-2.1416 (-9.9908)	-2.0364 (-9.1798)
YEAR	controlled	controlled	controlled	controlled	controlled
IND	controlled	controlled	controlled	controlled	controlled

续表

变量	模型 5.1	模型 5.2	模型 5.3	模型 5.4	模型 5.5
R - squared	0.0968	0.0907	0.0896	0.0895	0.0873
F - statistic	21.1521	22.1351	21.8523	21.8113	21.2408
Durbin - Watson stat	1.2820	1.1888	1.1862	1.1881	1.1894
样本数（个）	1861	1861	1861	1861	1861

注：①***表示在1%的水平上显著；*表示在10%的水平上显著。

②×表示其前后变量为交叉项。

本章以深圳证券交易所建立的信息披露评价体系（NE）替代可操控性应计利润（DA）作为测度会计信息质量的指标进行敏感性测试。重新执行假设5.1至假设5.5的检验，回归结果如表5.15所示。得出的结论为：①股权激励（MSR）与会计信息质量呈负相关关系，模型5.1系数在1%的水平上显著，与假设5.1相符。表明管理层股权激励水平越高，会计信息质量越低，股东授予管理层股权激励，管理层为了实现股权激励利益最大化很可能操纵会计信息。②检验所有权性质对股权激励与会计信息质量关系的影响，结果表明所有权性质交叉项（OWNER×MSR）系数在1%的水平上显著为负，与假设5.2相符。检验管理层控制权对股权激励与会计信息质量关系的影响，结果表明管理层控制权交叉项（COM×MSR）系数在5%的水平上显著为负，与假设5.3相符。检验股权结构对股权激励与会计信息质量关系的影响，结果表明股权结构交叉项（LARGEST×MSR）系数在10%的水平上显著为正，与假设5.4相符。检验董事会治理对股权激励与会计信息质量关系的影响，结果表明董事会治理交叉项（ID×MSR）系数在10%的水平上显著为正，与假设5.5相符。综上所述，表5.15的检验结果并未发生实质性改变，表明本章的研究结果是稳健的。

5.6 本章小结

（1）本章理论分析了管理层股权激励对税务激进行为与会计信息质量关系的影响，并结合我国上市公司所有权性质、管理层控制权、股权结构以及董事会治理不同的特点，分析了国有和非国有控股公司、董事长与总经理是否兼任、第一大股东持股比例以及独立董事比例对股权激励与会计信息质量关系的影响，从而提出五个假设。

（2）本章实证检验了股权激励与会计信息质量之间的关系。结果显示，股权激励对我国上市公司会计信息质量产生了显著的负影响，即管理层股权激励水平越高，会计信息质量越低。公司对管理层实施股权激励，管理层为了实现股权激励利益最大化很可能进行盈余管理行为，因而降低会计信息质量。考虑了所有权性质因素之后，引入了所有权性质与股权激励的交互项，检验所有权性质对两者关系的影响，结果显示相对于国有控股公司，非国有控股公司对股权激励与会计信息质量关系的影响更显著。非国有控股公司实施股权激励会比国有控股公司采取更多的盈余管理行为，降低会计信息质量。引入董事长和总经理两职是否兼任与股权激励的交互项，结果显示董事长和总经理两职合一公司实施股权激励会比非两职合一公司采取更多的盈余管理行为，从而操纵会计信息降低会计信息质量。引入大股东持股比例与股权激励的交互项，结果显示随着第一大股东持股比例增加，制约股权激励对会计信息质量的影响效果。第一大股东持股比例增加，制衡管理层权利，降低了管理层追求股权激励利益而降低会计信息质量的发生概率。引入独立董事比例与股权激励的交互项，结果显示独立董事比例增加，制衡管理层权力，降低了管理层追求股权激励利益而降低会计信息质量的发生概率。

（3）本章采用了可操控性应计利润衡量会计信息质量，单一指标是不可能完全适用所有研究内容的，（度量）测度会计信息质量时会存在误差，因此本章的研究存在一定的局限性。

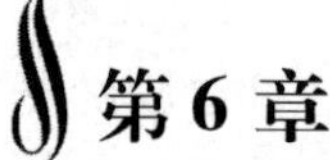

第6章 税务激进行为经济后果的实证检验

随着我国资本市场的日趋成熟，税收成为公司经营活动中最重要的成本之一。大量研究表明，税务激进行为会产生一系列的经济后果。第4章和第5章分别实证检验了股权激励对税务激进行为的影响以及股权激励对会计信息质量的影响，本章将分析我国上市公司税务激进行为对会计信息质量的影响以及股权激励对税务激进行为与会计信息质量关系的影响。首先分析税务激进行与会计信息质量的关系，然后分析管理层股权激励对两者关系的影响，提出股权激励引起的管理层自利行为导致了税务激进行为与会计信息质量的关系产生变化。本章在相关文献的基础上提出研究假设，并建立实证模型检验税务激进行为对会计信息质量的影响以及管理层股权激励对税务激进行为与会计信息质量关系的影响。

6.1 问题提出

20世纪90年代，恶性避税在美国渐成蔓延之势，五大会计师事务所均有不同程度“染指”。2001年，安永会计师事务所曾向美国著名通信公司斯普林特公司推销股票期权避税方案，使该公司少缴1.23亿美元股票期权收入的个人所得税。1997—2001年毕马威会计师事务所出售避税方案的收入至少为1.24亿美元。[①] 2001年12月2日，安然公司宣告破产，自从披露安然公司会

① 王晓峰．联邦检察官调查毕马威．中国税务报，2004.3.12.

计舞弊和激进的税务行为以来，美国证券交易委员会把注意力集中在财务重述以及众多会计舞弊案件（GAO，2006）。[①]美国国内收入局一直在积极推动调查和起诉恶性的避税活动（U. S. Treasury，1999）。[②]与此同时，学者们集中关注于公司报告会计利润大大高于上报税务机关的应税所得（Drucker，2006）。[③] 尽管税务激进行为似乎预期可以为母公司节省税金，同时增加财务和组织的复杂性，并且在某种程度上，财务的复杂性不能充分与外部相关者（如股票投资者、债权人、分析师）沟通，因而会计信息质量问题就可能出现。Bushman、Chen、Engel 和 Smith（2004）[④] 指出运营的复杂性也会促使公司采取套利行为。与此同时，管理层可能消极对待税务激进行为的有关披露。尽管美国国内收入局要求美国公司披露关于其他税收管辖区重要运营细节，但管理层可能会权衡是否要完全披露子公司细节，披露的内容是否会引起税务机关检查。因此，当税务激进行为增加财务和组织的复杂性时，管理层对于披露财务报告的选择可能不会提高财务透明度，这样就会影响会计信息质量。可见，税务激进行为会降低会计信息质量是一个主观经验问题。

很多文献探讨了管理层面临做出财务和税务决策的权衡问题（Shackelford 和 Shevlin，2001）[⑤]。特别是，管理层采取自利行为试图提高财务报告的收益，但可能导致由此产生的税收成本高于财务报告收益。同样，管理层试图减少上报税务机关的应税所得，由此可能会向股东报告较低收益，从而产生财务报告成本。自 20 世纪 90 年代初以来，美国公司已经逐渐扩大向股东报告的会计利润与向联邦政府报告的收益之间的差异（Desai，2002[⑥]；Manzon 和 Plesko，

---

① GAO Report 06 – 078, Financial Restatements: Update of Public Company Trends, Market Impacts, and Regulatory Enforcement Activities [EB/OL]. http: //www. gao. gov/htext/d06678. html: 2006. 6.

② U. S. Department of the Treasury. The problem of corporate tax shelters: discussion, analysis and legislative proposals [EB/OL]. U. S. Government Press, Washington, D. C. http: //www. ustreas. gov/offices/tax – policy/library/ctswhite. pdf. 1999.

③ Drucker, J. Minding the gap: IRS looks closer to profit disparity. The Wall Street Journal. 2006. 11. 27.

④ Bushman, R. , Chen, Q. , Engel, E. , Smith, A. , Financial accounting information, organizational complexity and corporate governance systems [J]. Journal of Accounting 和 Economics. 2004 (37): 167 – 201.

⑤ Shackelford, D. , Shevlin, T. , Empirical tax research in accounting [J]. Journal of Accounting & Economics. 2001 (31): 321 – 387.

⑥ Desai, M. International taxation and multinational activity [J]. National Tax Journal. 2002 (55): 845 – 848.

2002①；Mills、Newberry 和 Trautman，2002②；Boynton、Defilippes 和 Legel，2005③；Hanlon、Laplante 和 Shevlin，2005④）。会计利润与应税所得之间不断扩大的差异，表明公司可能并不总是权衡财务和税务报告决策。相反，会计准则与税收法规之间不一致的方面，为公司提供机会使其在同一个报告期间会计利润向上而应纳税所得额向下。“安然事件”显示了激进的税务行为和日益扩大的财税差异以及操纵会计信息之间的关系。

已有文献将税务激进行为定义为管理层采用激进的税务方式对应纳税所得额进行向下调整的行为，包括一系列广泛活动，例如转移定价、无形资产定在较低的水平、在复杂组织结构交易中利用流动实体、整合安排和避税交易。税务激进行为并不是全部都不符合税收法规，但是都对税务激进度有影响，特别是利用越多影响越大。从实证的角度来看，如果公司具有很高的财税差异，则认为是公司实施激进的税务行为。我国很多文献都是检验公司财税权衡的，要么假设财务会计与税收法规大体一致，要么检验会计领域一致，迫使公司决定哪个收益衡量指标对管理层更重要，忽视了管理层股权激励的影响。实际上，公司并不总是权衡财务和税务报告决策，一些公司可能向股东报告更高的会计利润和向税务机关报告较低的应纳税所得额，管理层也会从中获取最大利益。

税务激进行为的根本目的是节约税金，同时在税务激进行为实施过程中又会增加财务复杂性，并且产生的财务复杂性并不能充分向股东、债权人等利益相关者披露。

会计利润和应税所得的差异可以给市场参与者提供信息（Hanlon 和 Heitz-

① Manzon，G.，and G. Plesko. The relation between financial and tax reporting measures of income [J]. Tax Law Review. 2002（55）：175－214.

② Mills，L.，K. Newberry，and W. Trautman. Trends in book－tax income and balance sheet differences [J]. Tax Notes. 2002：1109－1124.

③ Boynton，C.，P. DeFilippes，and E. Legel. Prelude to Schedule M－3：Schedule M－1 corporate book－tax difference data 1990－2003. Proceedings of the Annual Conference on Taxation. National Tax Association－Tax Institute of America. Washington，DC. 2005：131－137.

④ Hanlon，M.，S. Laplante，and T. Shevlin. Evidence on the possible information loss of conforming book income and taxable income [J]. Journal of Law and Economics. 2005. 48（2）：407－442.

man，2010）[①]。Lev 和 Nissim（2004）[②] 和 Weber（2009）[③] 发现应税所得与会计利润的比率有利于预测盈利增长。Hanlon（2005）[④] 指出，财税差异极大可以作为预示应计项目持续的信号。此外，当管理层在增加会计利润和应税所得之间的差异时，应计项目可以提供有关限制未来现金流的信息（Dhaliwal 等，2008[⑤]；Comprix 等，2010[⑥]）。但是这些文献没有研究税务激进行为，不考虑财税差异如何改变公司的信息环境。税务激进行为增加财务和组织复杂性，以致增加了投资者对未来盈利能力的不确定性和投资者之间的信息不对称。公司实施税务激进行为是否有较低透明度的信息环境，影响会计信息质量？此外，管理层股权激励对税务激进行为与会计信息质量的关系是否存在影响？股权激励、税务激进行为与会计信息质量之间的关系如何？本章从微观视角的公司层面检验税务激进行为与盈余管理之间的关系，表明激进的税务行为是否会增加一个公司的信息不透明度，影响会计信息质量。同时，通过交互项检验股权激励对两者关系影响的差异。

6.2　理论分析和研究假设

会计准则存在大量需要职业判断的地方，为管理者提供操纵会计利润的机会，而不会影响其应纳税所得额（Phillips、Pincus 和 Rego，2003[⑦]；Hanlon，

---

① Hanlon, M., Heitzman, S., Tax research: Real effects, reporting effects, and governance. MIT working paper. 2010.

② Lev, B., Nissim, D., Tax income, future earnings and equity values [J]. The Accounting Review. 2004 (74): 1039 - 1074.

③ Weber, D., Do analysts and investors fully appreciate the implication of book - tax differences for future earnings? [J]. Contemporary Accounting Research. 2009. 26 (4): 1175 - 1206.

④ Hanlon, M., The persistence and pricing of earnings, accruals, and cash flows when firms have large book - tax difference [J]. The Accounting Review. 2005 (80): 137 - 166.

⑤ Dhaliwal, D., Huber, R., Lee, H., Lincus, M., Book - tax differenc es, uncertainty about fundamentals and information quality, and cost of capital. Working paper, University of Arizona. 2008.

⑥ Comprix, J., Graham, R., Moore, J., Empirical evidence on the impact of book - tax differences on information asymmetry. Working paper, Syracuse University. 2010.

⑦ Phillips, J., M. Pincus, and S. Rego. Earnings management: New evidence based on deferred tax expense [J]. The Accounting Review. 2003. 78 (2): 491 - 521.

2005）。此外，税务激进行为在会计利润和应纳税所得额之间创建一个永久的分离，从20世纪90年代中期到21世纪初税务激进行为和会计舞弊行为增加，在这段时间内，因为会计舞弊行为和滥用避税的交易，许多公司被调查或起诉（Weisbach，2002①；McGill和Outslay，2004②）。研究文献显示在同一时期会计利润与应纳税所得额之间差距增大，表明公司有能力在不影响会计利润的前提下操纵应纳税所得额降低，因此税务激进行为与盈余管理可以在同一时期进行（Boynton等，2005）。Scholes、Wilson和Wolfson（1990）③ 表明银行愿意支付大量的与销售有价证券获取利益有关的所得税，原因在于可以增加会计利润和控制资本，遵守监督行业做出的决策与财务报告激励支配税务报告激励一致。Guenther、Maydew和Nutter（1997）④发现1986年所得税改革之后加大了财税统一，一些公司推迟了收入确认，从而导致产生了财务报告成本而避免了税收成本。其他一些研究检验了财务与税收报告决策之间的权衡（Johnson和Dhaliwal，1988⑤；Matsunaga、Shevlin和Shores，1992⑥；Hunt、Moyer和Shevlin，1996⑦；Maydew，1997⑧；Engel、Erickson和Maydew，1999⑨）。在这些研究中，公司一般向股东报告较高的会计收益或者向税务机关报告较低的应纳税所得额，因为会计规范和税法的一致性迫使公司决定哪个决策对于管理层更重要（Shackelford和Shevlin，2001）。在某种程度上，会计规范与税收法规之间的差异也促使公司进行激进的税务行为同时进行盈余管理。

---

① Weisbach, D. Thinking outside the boxes: A response to Professor Schlunk [J]. Texas Law Review. 2002. 80 (4): 893 - 911.

② McGill, G., and E. Outslay. Lost in translation: Detecting tax shelter activity in financial statements [J]. National Tax Journal. 2004. 57 (3): 739 - 756.

③ Scholes, M., Wilson, G., Wolfson, M., Tax planning, regulatory cap ital planning, and financial reporting strate gy for commercial banks [J]. The Review of Financial Studies. 1990. 3 (4): 625 - 650.

④ Guenther, D., Maydew, E., Nutter, S., Financial reporting, tax costs, and book - tax conformity [J]. Journal of Accounting & Economics. 1997 (23): 225 - 248.

⑤ Johnson, W., and D. Dhaliwal. LIFO abandonment [J]. Journal of Accounting Research. 1988. 26 (2): 236 - 272.

⑥ Matsunaga, S., Shevlin, T., Shores, D., Disqualifying dispositions of incentive stock options: tax benefits vs. financial reporting costs [J]. Journal of Accounting Research. 1992. 31 (1): 37 - 68.

⑦ Hunt, A., S. Moyer, and T. Shevlin. Managing interacting accounting measures to meet multiple objectives: a study of LIFO firms [J]. Journal of Accounting and Economics. 1996. 21 (3): 339 - 374.

⑧ Maydew, E., Tax - induced earnings manage ment by firms with net operating losses [J]. Journal of Accounting Research. 1997 (35): 83 - 96.

⑨ Engel, E., Erickson, M., Maydew, E., Debt - equity hybrid securities [J]. Journal of Accounting Research. 1999 (37): 249 - 274.

Karthik Balakrishnan（2012）提出激进的税务行为将增加信息的不确定性和信息不对称性，而且会降低财务报告的质量，并构建完全分析师预测误差和离散作为信息不确定性的替代指标，同时将税务激进度指标与 Graham 和 Tucker（2006）①识别出的进行避税活动的公司样本耦合，以此来检验指标的正确性，结果表明指标能够很好预计避税活动。对税收报告激进度与财务报告激进度进行回归分析，实证检验财务和税务报告激进度之间关系，结果表明两者之间显著正相关，在控制了税务筹划和盈余管理激励以及其他公司特有的特征之后，财务和税务报告激进度仍然显著正相关。

会计信息的信号传递作用可以加强股东对管理层的控制，因此管理层实施税务激进行为很可能会操纵会计信息以欺骗税务机关和摆脱股东控制。税务激进行为可以降低股东与管理层之间的契约含量。收入与费用是管理层提供会计信息的重要指标；应税收入和扣除费用是税务激进行为的重要指标，管理层既要达到一定业绩又要进行激进的税务行为。随着会计利润和应纳税所得额之间的差距越来越大，公司分别进行税务激进行为和盈余管理是完全有可能的。税务激进行为的一个潜在和重要成本在于对财务透明度的影响，导致会计信息质量下降。因此，提出本章的研究假设：

假设 6.1：公司税务激进行为水平越高，会计信息质量越差。

公司的运营环境允许管理层在做出财务和税务会计决策时有大量职业判断，因此管理层有能力进行税务激进行为和盈余管理。但是，即使公司有能力进行税务激进行为和盈余管理，也不明显表示公司会愿意从事这两种行为。在某种程度上，税务激进行为和盈余管理的实施取决于管理层的利益。股权激励是管理层薪酬的重要部分，关系管理层的直接利益。管理层拥有信息优势，使得股东与管理层之间信息不对称，会计信息质量降低更有利于管理层获得利益。股权激励可以促进管理层实施税务激进行为使其获得收益，那么管理层为了获得利益的最大化和持续性，可能会进行盈余管理，影响会计信息透明度，降低会计信息质量。

假设 6.2：股权激励会促进税务激进行为与会计信息质量之间的负相关关系更加显著。

---

① Graham, J., and A. Tucker. Tax shelters and corporate debt policy [J]. Journal of Financial Economics. 2006 (81): 563 – 594.

6.3 研究设计

6.3.1 研究变量

（1）被解释变量。会计信息质量作为被解释变量，本章将采用修正的Jones模型计算出的操控性应计利润衡量会计信息质量。在已有文献中，深圳证券交易所披露的信息评价结果得到广泛运用。为了证明结果的稳健性，本章还将采用深圳证券交易所建立的信息披露评价体系的评价结果测度会计信息质量，对模型进行了稳健性检验。具体计算公式见第5.3节。

（2）解释变量。税务激进行为作为解释变量，本章采用财税差异衡量税务激进行为。具体计算公式见第4.3节。

（3）控制变量。

①公司规模（SIZE）。关于公司规模与盈余管理的文献存在截然不同的结论，一方面，规模大的公司比规模小的公司政府资源丰富，容易受到政策支持和优惠，因此管理层存在进行盈余管理提高业绩的动机；另一方面，公司规模大意味着受到各方关注度增加，监管力度和范围也大，进行盈余管理的成本较高，会抑制管理层通过盈余管理行为操纵会计信息。Watts 和 Zimmerman（1986）提出为了避免受到政府严厉监管，规模大的公司不会进行盈余管理提高利润。因此，本章引入公司规模作为控制变量，在实证检验中公司规模采用总资产的自然对数表示。

②资产负债率（LEV）。资产负债率高的公司会受到债权人的监督，并且会相对提高对公司经营的监督需求，从而缩小管理层盈余管理的空间，制约了管理层操纵会计信息降低会计信息质量的行为。因此，本章引入资产负债率作为控制变量，在实证检验中资产负债率采用负债总额与资产总额的比例表示。

③成长性（GROW）。公司成长性越高表示经营活动中面临的风险和不确定性越大，进而影响会计信息质量。因此，本章引入成长性作为控制变量，在实证检验中成长性采用营业收入增长率表示。

④所有权性质（OWNER）。本章引入所有权性质作为控制变量，如果上市公司是非国有控股公司，取值为 1；如果上市公司是国有控股公司，取值为 0。

⑤年度（YEAR）。年度虚拟变量以 YEAR 表示，用以控制会计信息质量的年度间差异。当变量数据属于年度 j 时取值 1，否则为 0。

⑥行业（IND）。行业虚拟变量以 IND 表示，用以控制会计信息质量的行业间差异。当变量数据属于行业 k 时取值 1，否则为 0。

（4）调节变量。股权激励作为调节变量，用 EI 表示。本章依据公司披露的股权激励实施公告判断其是否实施股权激励。为检验股权激励对税务激进行为与会计信息质量关系的影响差异，如果上市公司实施股权激励，取值为 1；如果上市公司没有实施股权激励，取值为 0。

研究变量及定义如表 6.1 所示。

表 6.1　　研究变量及定义

变量类型	变量名称	说明
被解释变量	会计信息质量（DA）	可操控性应计利润
	会计信息质量（NEA）	深圳证券交易所信息评价结果
解释变量	税务激进行为（TAXAGG）	财税差异 =（税前利润 - 所得税费用）/（实际所得税税率 × 上一年资产总额）
调节变量	股权激励（EI）	如果上市公司实施股权激励，取值为 1；如果上市公司没有实施股权激励，取值为 0
控制变量	公司规模（SIZE）	采用总资产的自然对数表示
	资产负债率（LEV）	采用负债总额与资产总额的比例表示
	成长性（GROW）	采用营业收入增长率表示
	所有权性质（OWNER）	如果上市公司是非国有控股公司，取值为 1；如果上市公司是国有控股公司，取值为 0
	年度（YEAR）	年度虚拟变量，当变量数据属于年度 j 时取值 1，否则为 0
	行业（IND）	行业虚拟变量，当变量数据属于行业 k 时取值 1，否则为 0

6.3.2 模型设定

本章主要采用多元线性回归分析方法对我国上市公司股权激励、税务激进行为与会计信息质量之间的关系进行研究。为检验假设 6.1、假设 6.2，本章建立了以下两个检验模型：

（1）检验税务激进行为与会计信息质量关系的模型：

$$DA_{i,t} = \lambda_0 + \lambda_1 TAXAGG_{i,t} + \lambda_2 SIZE_{i,t} + \lambda_3 LEV_{i,t} + \lambda_4 GROW_{i,t} + \lambda_5 OWNER_{i,t} + \lambda_6 YEAR_{i,t} + \lambda_7 IND_{i,t} + \varepsilon_{i,t} \quad (6.1)$$

（2）检验上市公司股权激励对税务激进行为与会计信息质量关系影响的模型：

$$DA_{i,t} = \lambda_0 + \lambda_1 TAXAGG_{i,t} + \lambda_2 EI_{i,t} + \lambda_3 EI_{i,t} \times TAXAGG_{i,t} + \lambda_4 SIZE_{i,t} + \lambda_5 LEV_{i,t} + \lambda_6 GROW_{i,t} + \lambda_7 OWNER_{i,t} + \lambda_8 YEAR_{i,t} + \lambda_9 IND_{i,t} + \varepsilon_{i,t} \quad (6.2)$$

其中，λ_0 为回归方程的截距项；λ_i（i = 1，2，…，9）为各变量的回归系数；$\varepsilon_{i,t}$是误差项。

6.3.3 样本选择与数据来源

本章选取 2010—2012 年我国 A 股上市公司为初选样本，处理步骤如表 6.2 所示。

表 6.2 样本处理步骤

步骤	说明
1	剔除金融保险业公司样本，原因在于金融业务具有特殊性，遵循的会计准则以及会计处理方法与其他行业显著不同
2	剔除缺失财务数据的公司
3	剔除财务状况异常的 ST 或 PT 公司，原因在于通常 ST 或 PT 公司盈利能力较差即没有利润，因此公司的所得税费用并不能反映公司的节税行为，会影响实证分析的可靠性
4	剔除所得税费用为负和实际所得税率大于 100% 的公司
5	剔除当年新上市的公司，因为新上市公司出于 IPO 动机进行盈余管理，影响实证结果的可靠性

注：为消除极端影响，对连续变量进行 1% 的 Winsorize 处理。

经过以上处理步骤，最终确定 2015—2017 年 1120 家 A 股上市公司，3360 个样本观测点。本章数据主要来源于国泰安数据中心的 CSMAR 数据库，所有权性质数据来源于 CCER 数据库，所得税税率数据来源于 RESSET 数据库。

6.4　实证结果与分析

6.4.1　描述性统计

各行业股权激励公告数量如表 6.3 所示。

表 6.3　2015—2017 年各行业股权激励公告数量统计　单位：份

行业	2015 年	2016 年	2017 年
制造业	142	152	264
信息技术服务业	30	42	62
零售业	8	4	9
房地产业	13	7	8
土木工程建筑业	4	9	7
其他行业	18	37	55

主要变量的描述性统计结果如表 6.4 所示。DA 的最大值为 3.9753，最小值为 -1.5166，均值为 0.0151，表明我国上市公司存在一定程度可操控性应计利润，并且各公司之间的可操控性应计利润差异较大。TAXAGG 的最大值为 9.8259，最小值为 0.0036，均值为 0.6224，表明我国上市公司存在一定程度税务激进行为并且各公司之间的税务激进行为差异较大。SIZE 的最大值为 26.0989，最小值为 19.8212，标准差为 1.2798，表明我国上市公司规模差异较大。LEV 的最大值为 0.8474，最小值为 0.0535，均值为 0.4689，表明我国上市公司资产负债比例差异较大。GROW 的最大值为 3.1335，最小值为 -0.4386，均值为 0.2521，表明我国上市公司营业收入增长率差异较大。OWNER 的最大值为 1，最小值为 0，均值为 0.4688。

表 6.4　　　　主要变量的描述性统计

变量	样本数（个）	平均值	中位数	最大值	最小值	标准差
DA	3360	0.0150	0.0125	3.9753	-1.5166	0.1485
TAXAGG	3360	0.6224	0.3227	9.8259	0.0036	1.2188
SIZE	3360	22.0963	21.9149	26.0989	19.8212	1.2798
LEV	3360	0.4689	0.4821	0.8474	0.0535	0.2020
GROW	3360	0.2521	0.1757	3.1335	-0.4386	0.4481
OWNER	3360	0.4688	0.0000	1.0000	0.0000	0.4991

是否实施股权激励公司主要变量的描述性统计结果如表 6.5 所示。实施股权激励公司样本数为 313 个，DA 平均值为 0.0219，未实施股权激励公司样本数为 3047 个，DA 平均值为 0.0143，表明实施股权激励公司的可操控性应计利润比未实施股权激励公司程度大。实施股权激励公司 TAXAGG 平均值为 0.7807，未实施股权激励公司 DA 平均值为 0.6061，表明实施股权激励公司比未实施股权激励公司税务激进行为程度大。实施股权激励公司 SIZE 平均值为 21.8148，未实施股权激励公司 SIZE 平均值为 22.1252，表明未实施股权激励公司比实施股权激励公司平均规模大。实施股权激励公司 LEV 平均值为 0.3915，未实施股权激励公司 LEV 平均值为 0.4768，表明未实施股权激励公司资产负债比率比实施股权激励公司高。实施股权激励公司 GROW 平均值为 0.2809，未实施股权激励公司 GROW 平均值为 0.2491，表明实施股权激励公司成长性比未实施股权激励公司高。实施股权激励公司 OWNER 平均值为 0.8818，未实施股权激励公司 OWNER 平均值为 0.4263，表明实施股权激励公司与未实施股权激励公司所有权性质不同。

表 6.5　　　　是否实施股权激励公司主要变量的描述性统计

	实施股权激励公司				未实施股权激励公司			
变量	样本数（个）	平均值	中位数	标准差	样本数（个）	平均值	中位数	标准差
DA	313	0.0219	0.0174	0.1080	3047	0.0143	0.0117	0.1521
TAXAGG	313	0.7807	0.5208	1.0942	3047	0.6061	0.3003	1.2299
SIZE	313	21.8148	21.4758	1.2491	3047	22.1252	21.9407	1.2796
LEV	313	0.3915	0.3791	0.2059	3047	0.4768	0.4915	0.2000
GROW	313	0.2809	0.2295	0.3113	3047	0.2491	0.1702	0.4598
OWNER	313	0.8818	1.0000	0.3234	3047	0.4263	0.0000	0.4946

为了检验各个变量与可操控性应计利润之间的相关关系，表 6.6 列示了相关系数矩阵。从表 6.6 中可以看出，TAXAGG 与 DA 系数为 0.1567，并且税务激进行为与可操控性应计利润显著正相关，初步验证了本章的假设。SIZE 与 DA 显著正相关，说明公司规模越大，会计信息质量越低。LEV 与 DA 显著正相关，说明公司资产负债率越高，会计信息质量越低。GROW 与 DA 显著正相关，说明公司营业收入增长率越高，会计信息质量越低。OWNER 与 DA 显著正相关，说明所有权性质显著影响会计信息质量。

表 6.6　　相关系数矩阵

	DA	TAXAGG	SIZE	LEV	GROW	OWNER
DA	1.0000					
TAXAGG	0.1567***	1.0000				
SIZE	0.0981***	-0.0402***	1.0000			
LEV	0.0579***	-0.0089	0.5132	1.0000		
GROW	0.4562***	0.0039	0.0298*	0.0334**	1.0000	
OWNER	0.0276*	0.0300*	-0.3419***	-0.2537***	0.0188	1.0000

注：***表示在 1% 的水平上显著；**表示在 5% 的水平上显著；* 表示在 10% 的水平上显著。

6.4.2　回归结果分析

（1）模型 6.1 回归结果。

税务激进行为（TAXAGG）与可操控性应计利润（DA）的回归结果如表 6.7 所示，税务激进行为与可操控性应计利润显著正相关，系数在 1% 的水平上显著为正，表明公司采取激进的税务策略会降低会计信息质量。公司税务激进行为程度越高，会计信息质量越低。检验结果证实了假设 6.1。公司规模（SIZE）与可操控性应计利润显著正相关，系数在 1% 的水平上显著为正，表明公司规模越大，公司会采取更多的盈余管理行为，降低会计信息质量。资产负债率（LEV）与可操控性应计利润显著负相关，系数在 10% 的水平上显著为负，表明负债水平能够起到制约盈余管理行为的作用。成长性（GROW）与可操控性应计利润显著负相关，系数在 1% 的水平上显著为负，表明成长性越高的公司，会计信息质量越高。所有权性质（OWNER）与可操控性应计利润显著正相关，系数在 5% 的水平上显著为正，表明相对于国有控股公司，非国有控股公司会计信息质量低。

表 6.7 模型 6.1 回归结果

变量	系数	t 值
TAXAGG	0.0107 ***	7.1839
SIZE	0.0153 ***	9.4691
LEV	-0.0135 *	-1.3026
GROW	-0.0150 ***	-3.9452
OWNER	0.0083 **	2.3114
(Constant)	-0.3171	-8.9669
YEAR	controlled	controlled
IND	controlled	controlled
R - squared	0.0822	
F - statistic	16.6385	
Durbin - Watson stat	1.9813	
样本数（个）	3360	

注：***表示在 1% 的水平上显著；**表示在 5% 的水平上显著；* 表示在 10% 的水平上显著。

（2）模型 6.2 回归结果。

模型 6.2 是在模型 6.1 的基础上加入了股权激励与税务激进行为（EI × TAXAGG）交叉项，是否实施股权激励对税务激进行为与会计信息质量关系影响的回归结果如表 6.8 所示。税务激进行为（TAXAGG）与可操控性应计利润（DA）的系数在 1% 的水平下显著为正，表明公司采取激进的税务策略会降低会计信息质量，与模型 6.1 回归结果相同。股权激励（EI）和税务激进行为（TAXAGG）的交叉项系数在 10% 的水平上显著为正，说明公司是否实施股权激励会对税务激进行为与会计信息质量的关系产生不同影响。股权激励可以促进税务激进行为与可操控性应计利润之间的正相关关系。实施股权激励的公司税务激进行为会对降低会计信息质量的影响更显著。检验结果证实了假设 6.2。公司规模（SIZE）与可操控性应计利润显著正相关，系数在 1% 的水平上显著为正，表明公司规模越大，公司越会采取更多的盈余管理行为，降低会计信息质量。资产负债率（LEV）与可操控性应计利润负相关，系数并不显著。成长性（GROW）与可操控性应计利润显著正相关。所有权性质（OWNER）与可操控性应计利润显著正相关。

表 6.8　　　　模型 6.2 回归结果

变量	系数	t 值
TAXAGG	0.0006 ***	10.8220
EI × TAXAGG	0.0008 *	0.1961
SIZE	0.0125 ***	5.8036
LEV	−0.0170	−1.2280
GROW	0.0003 ***	30.0979
OWNER	0.0089 *	1.8049
(Constant)	−0.2404	−5.1176
YEAR	controlled	controlled
IND	controlled	controlled
R − squared	0.2628	
F − statistic	62.6934	
Durbin − Watson stat	1.8718	
样本数（个）	3360	

注：① ***表示在 1% 的水平上显著；* 表示在 10% 的水平上显著。

② × 表示其前后变量为交叉项。

6.5　稳健性检验

为了检验结果的稳健性，本章采用换取样本量和被解释变量的方法，利用深圳证券交易所建立的信息披露评价体系的评价结果测度会计信息质量对模型 6.1 和模型 6.2 的结果进行了敏感性测试。最终确定 2015—2017 年深圳证券交易所上市公司 1837 个样本观测点。深圳证券交易所建立的信息披露评价体系，包括 A（优秀）、B（良好）、C（合格）和 D（不合格），对应赋值为 4、3、2 和 1，以 NEA 表示，当评价结果为 A（优秀）时，取值为 4；当评价结果为 B（良好）时，取值为 3；当评价结果为 C（合格）时，取值为 2；当评价结果为 D（不合格）时，取值为 1，NEA 值越高表明会计信息质量也越高。

表 6.9 稳健性检验结果

变量	模型 6.1		模型 6.2	
	系数	t 值	系数	t 值
TAXAGG	-0.0005 *	-1.3222	-0.0005 *	-1.3146
EI×TAXAGG			-0.1407 ***	-3.3843
SIZE	-0.1521 ***	-10.051	-0.1482 ***	-9.7956
LEV	0.6684 ***	8.0071	0.6227 ***	7.3855
GROW	-0.0266	0.5903	0.0241	0.5816
OWNER	0.0020	0.0694	0.0169	0.5587
(Constant)	5.1933	15.7772	5.1270	15.5953
YEAR	controlled	controlled	controlled	controlled
IND	controlled	controlled	controlled	controlled
R - squared	0.0792		0.0853	
F - statistic	8.2731		8.4879	
Durbin - Watson stat	1.3307		1.3326	
样本数（个）	1837		1837	

注：①***表示在 1% 的水平上显著；*表示在 10% 的水平上显著。

②×表示其前后变量为交叉项。

本章以深圳证券交易所建立的信息披露评价体系（NEA）替代可操控性应计利润（DA）作为测度会计信息质量的指标进行敏感性测试。重新执行假设 6.1 和假设 6.2 的检验，回归结果如表 6.9 所示。得出的结论：①税务激进行为（TAXAGG）与会计信息质量（TNEA）呈负相关关系，系数在 10% 的水平上显著，与假设 6.1 相符。表明公司采取的税务激进行为越多，会计信息质量越低。管理层进行税务激进行为会降低会计信息质量。②在分析税务激进行为与会计信息质量的过程中加入股权激励因素，检验是否实施股权激励对税务激进行为与会计信息质量关系的影响，结果表明股权激励交叉项（EI×TAXAGG）系数在 1% 的水平上显著为负，与假设 6.2 相符。表明公司是否实施股权激励会对税务激进行为与会计信息质量的关系产生不同影响。实施股权激励会促进税务激进行为与会计信息质量之间的负相关关系。实施股权激励的公司对进行税务激进行为会降低会计信息质量的影响更显著。③结合模型 6.1 和模型 6.2 的回归结果，控制变量中企业规模（SIZE）与会计信息质量负相关，系数在 1% 的水平上为负；资产负债率（LEV）与会计信息质量正相关，系数在 1% 的水平上显著为正。成长性（GROW）和所有权性质（OWNER）与会计信息质量的相关系数并不显著。综上所述，表 6.9 的检验结果并未发生实质性改变，表明本章的研究结果是稳健的。

6.6　本章小结

（1）本章理论分析了税务激进行为对会计信息质量的影响，并结合我国上市公司实施股权激励的效应，分析了是否实施股权激励对税务激进行为与会计信息质量关系的影响，从而提出了两个假设：公司税务激进行为水平越高，会计信息质量越差；股权激励会促进税务激进行为与会计信息质量之间的负相关关系更显著。

（2）本章实证研究了税务激进行为与会计信息质量之间的关系。结果显示，税务激进行为对我国上市公司会计信息质量产生了显著的负影响，即公司进行税务激进行为的水平越高，会计信息质量越低。为了实现利益最大化，管理层会采取激进的税务策略，且很可能进行盈余管理行为，降低会计信息质量。考虑了股权激励因素之后，通过进一步检验，是否实施股权激励，在对税务激进行为与会计信息质量关系的影响检验的基础上，又加入了股权激励的交叉项，结果显示，公司是否对管理层实施股权激励会对税务激进行为与会计信息质量的关系产生不同影响。实施股权激励会促进税务激进行为与会计信息质量之间的负相关关系更显著。公司授予管理层的股权激励可以使管理层有强烈的提高公司税后利润的动机进而提高自身利益。因此，在管理层决策时更倾向于通过盈余管理进行税务激进行为，从而带来收益，但会降低会计信息质量。

第7章 研究结论与展望

7.1 研究结论

本书以上市公司年报中披露的所得税数据计算财税差异，作为公司税务激进行为的衡量指标，以管理层股票和期权变化值作为股权激励的衡量指标，以修正的Jones模型计算的可操控性应计利润作为会计信息质量的衡量指标，以深圳证券交易所披露的信息质量评价结果作为对会计信息质量的替代，以2015—2017年的A股上市公司作为研究样本，实证检验了股权激励、税务激进行为与会计信息质量的关系。本书对国内外股权激励、税务激进行为与会计信息质量的相关文献进行了综述，并阐述了基本理论及经济后果，结合制度背景，分步实证检验了三者的关系。首先，分析了股权激励与税务激进行为的关系，从股权结构角度，分别从国有控股和非国有控股两方面对股权激励与税务激进行为的关系的影响进行分析；其次，分析了股权激励水平对会计信息质量的影响，并从所有权性质、管理层控制权、股权结构和董事会治理四个角度考察其对股权激励与会计信息质量关系的影响；最后，分析了我国上市公司税务激进行为对会计信息质量的影响以及股权激励对税务激进行为与会计信息质量关系的影响。本书的主要研究结论是：

（1）股权激励对我国上市公司的税务激进行为产生了显著的正影响，即管理层股权激励水平越高，税务激进度越高。考虑了所有权性质因素之后，发现所有权性质影响了股权激励与税务激进行为的关系，相对于国有控股公司，非国有控股公司对股权激励与税务激进行为的影响更为显著。非国有控股公司实施股权激励会比国有控股公司采取更多的税务激进行为。

（2）股权激励对我国上市公司会计信息质量产生了显著的负影响，即管理层股权激励水平越高，会计信息质量越低。结合我国上市公司所有权性质、管理层控制权、股权结构以及董事会治理不同的特点，分析发现非国有控股公司实施股权激励比国有控股公司会计信息质量低；董事长和总经理两职合一公司实施股权激励比非两职合一公司会计信息质量低；随着第一大股东持股比例增加，制约股权激励对会计信息质量的负影响；独立董事比例增加，制约股权激励对会计信息质量的负影响。

（3）税务激进行为对我国上市公司会计信息质量产生了显著的负影响，即公司进行税务激进行为水平越高，会计信息质量越低。考虑了股权激励因素之后，进一步检验发现，公司是否对管理层实施股权激励会对税务激进行为与会计信息质量的关系产生不同影响。实施股权激励会促进税务激进行为与会计信息质量之间的负相关关系更显著。

值得注意的是，本书研究了股权激励对公司税务策略和会计信息质量的负面影响。但是不可否认股权激励作为一个长期激励机制，对于提高管理层积极性、维护员工权益、增强公司活力、提升公司竞争力等方面具有显著的正面影响。为了发挥股权激励的优势作用，降低股权激励的负面影响，尚需从制度上加以完善。

7.2　政策建议

7.2.1　完善股权激励的确定机制

股权激励的确定机制应当通过公司治理进行约束，实现长期效应。股权激励方案的设计应当结合公司自身的特点，将股东、管理层以及资本市场、税收环境、经理人市场、行业动态、公司战略、公司价值观等结合，最终得到有效实施。股权激励方案的设计应当从原则上体现与实际相符、公平公开、操作性强、执行力度高、具有灵活性等特点。股权激励契约按照内容可以分为激励要素、激励约束和激励调整三个部分。激励要素具体可以包括目的、原则、模式、范围、载体、总量、时间、价格等。股权激励契约的目的应当是引导管理层重视公司的长期发展，避免经营决策中的短期行为。激励约束具体可以包括约束机制、业绩考核等。业绩考核的设定指标应当体现挑战性，展示公司发展的信心，同时不能脱离实际，具有现实操作性，通过努力可以实现，确保方案实施。激励调整的目的是考虑不同的经营环境和市场周期的区别，体现公司管理层经营难度和承担责任与风险的差异，并且对管理层正常流动的股权退出机制要留有余地，体现人力资本为本的原则，为未来吸引人才留出合理空间。股权激励的确定实质上是股东与管理层基于公司战略的有效沟通，确定股权激励的核心是管理层在实现股东利益的同时分享公司的发展成果，因此股权激励体现了公司未来发展的长效激励保障，进而实现利益共同体，向同一目标发展。

7.2.2 健全股权激励的监督体系

股权激励的实施应当健全内部环境和外部环境同时配合有效的监督机制，完善治理结构是实施股权激励的基本保障。股权激励的外部合规性应当是设计方案的最低要求。管理层决策失误或者恶意欺诈等严重违纪行为应当具有约束条件。第一，外部监督。外部环境包括政治、经济、文化、法律等因素，为股权激励的实施奠定了基础。相应法规的制定包括公司法、证券法等为股权激励构建了一个健康的外部环境。经理人市场的有效运行，建立了经理人的公平竞争体系，甄别了经理人的能力为股权激励提供了依据，也约束了逆向选择和道德风险。中介机构的监督在某种程度上维护了公司正常秩序，防止了管理层交易欺诈行为，增强了股东的信心。第二，内部监督。管理层控制权的增加会扩大寻租空间，诱发盈余管理行为，因此完善公司治理结构，达到管理层控制权的监督和制衡，才能有效抑制管理层侵蚀股东利益的行为。健全企业内部监督制度，发挥公司制企业股东大会、董事会、监事会等的监督作用。建立部门分工负责、密切配合的管理体制，股权激励计划中应包含完善的管理政策，对政策实施过程和实施结果进行监督检查。股东大会负责管理管理层的考核评价和审核工作。

7.2.3　合理规划公司的税务安排

本书的研究结果表明，股权激励会诱发管理层实施税务激进行为，公司在规划税务安排时应当考虑股权激励对税务行为激进程度的负面影响，采取谨慎的态度。税务激进行为可能会成为管理层为达到自利目的而侵蚀股东利益的工具。因此，外在因素是制约管理层税务激进行为的有效保障。一方面，强化税务安排制定实施的程序，完善税务行为审核和披露的深度和广度。另一方面，税收法律法规应进一步完善，政府税务部门加强对股权激励水平高的公司的监管力度，这样会对实施税务激进行为的管理层产生威慑作用。税收法律的完善为政府税务部门的监督提供了保障，政府税务部门的监督可以减少管理层为获得自身利益最大化而实施的激进行为。另外，某一公司因为实施税务激进行为而获得的处罚也会对其他公司起到惩戒的作用，从而合理规划公司的税务安排。

7.2.4　规范信息披露内容

会计信息披露能够缓解股东与管理层之间的信息不对称和降低委托代理成本，保障资本市场的正常运转。管理层为了追求股权激励的目标和利益，利用掌握的信息优势影响公司的会计信息质量。公司对管理层实施股权激励的目的是激励管理层努力经营实现企业价值，而管理层与股东追求的利益与目标往往不同，管理层具有信息优势，为了加强对管理层监督，达到激励效果，要求管理层适时公布经营内部信息，规范信息披露内容。同时，有关政府监管部门还应明确内部交易会计信息披露的标准和细节，增加强制性披露内容，避免管理层利用未公开披露的信息进行盈余管理行为，降低侵蚀股东利益的程度。强制性信息披露的增多，增加了股东以及外部投资者获取的信息，股东更容易通过信息之间的联系洞悉管理层的操纵行为，同时也为社会监督提供基础。

7.3 研究局限性

本书通过实证分析，得出了相应研究结论，但受作者理论水平、研究能力和客观条件的限制，研究存在一定的局限性和不足。具体体现在以下几个方面：

（1）本书考察了管理层的股权激励对税务激进行为的影响，但对管理层没有细分。公司的税务决策一般是由公司税务主管制定的，直接分析税务主管的股权激励是否对税务决策制定产生的影响更为合理。但是由于无法获得管理层的具体情况以及税务主管的相关数据，因此没有进一步检验细化管理层股权激励对税务激进行为的效应。

（2）本书对于税务激进行为的测度方法存在一定的局限性。本书采用财税差异作为测度税务激进行为的指标，这一指标主要反映所得税的税务激进行为，对于其他税种的税务激进行为却无法衡量，此外财税差异包含了会计准则与税法之间的差异，而无法从总差异中剔除。尽管大部分学者都采用这一指标，但财税差异作为测度指标仍存在不合理的地方。

（3）本书对于会计信息质量的测度方法存在一定局限性。会计信息质量含义广泛，单一指标很难全面反映会计信息质量。本书采用可操纵性应计利润作为测度变量，以深圳证券交易所会计信息质量评价结果作为替代变量，在一定程度上解决了单一性的问题，但是由于深圳证券交易所数据量有限，是否还存在更好的变量能够反映会计信息质量有待进一步研究。

（4）本书考虑了管理层控制权、股权结构和董事会治理的影响，但只选取了两职合一、第一大股东持股比例和独立董事比例作为主要变量，对于其他影响因素例如管理层任职时间、股权分散度、董事会规模等很可能对股权激励与会计信息质量的关系存在影响，本书并未开展进一步研究。

7.4　未来研究展望

关于股权激励的研究，国内外学者已有不少研究成果，本书在借鉴已有研究成果的基础上，以我国的制度环境为立足点，分别从所有权性质、管理层控制权、股权结构和董事会治理等角度对股权激励、税务激进行为与会计信息质量进行了研究，由于受到相关条件的限制，本书的研究还存在一定的局限性，未来可以进一步研究的方向是：

（1）扩大研究内容。本书研究了股权激励对公司税务策略和会计信息质量的负面影响。但是不可否认股权激励作为一个长期激励机制，对于提高管理层积极性、维护员工权益、增强公司活力、提升公司竞争力等方面具有显著的正面影响。我国属于新兴市场经济国家，发挥股权激励的优势作用，降低股权激励的负面影响，尚需从制度上加以完善。管理层股权激励的约束机制以及实施动机值得在后续研究中持续关注和进一步深化。此外，税务激进行为与盈余管理行为呈现显著正相关，未来的研究应关注财务和税务同步激进的原因，探索实施激进行为的公司具备的有关特征。

（2）扩展研究数据。上市公司只占我国企业的少数，我国还有大量的未上市公司尤其是中小型公司，由于缺乏证监会等外部监管，非上市公司税务激进行为和会计信息质量可能更为混乱。由于非上市公司财务和税务数据并未公开披露很难搜集，很少有这类公司的决策问题的研究。随着资本市场多层次体系的完善，包括 2013 年“新三板”向全国扩展，非上市公司实施股权激励越来越多，对于非上市公司的股权激励对税务决策与会计信息质量的影响问题，值得进一步探索。

（3）改进研究方法。研究股权激励、税务激进行为与会计信息质量之间的关系时，可以使用数量特征方法替代多元回归，而且不考虑共线性及能够明确评估研究结论对内生偏差的敏感性。数量特征方法应用比较强大而且具有直观性，排除了对所有相关变量的单一测量，利用了大量的观测值，使股权激励与未实施股权激励的配对样本更好地进行配比研究，比多元回归方法更具优势。

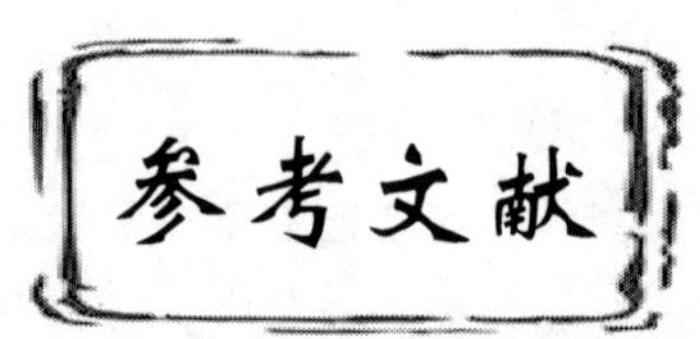

参考文献

[1] 陈清泰，吴敬琏．股票期权激励制度法规政策研究报告［M］．北京：中国财政经济出版社，2001：154－171.

[2] 盖地．税务筹划学［M］．北京：中国人民大学出版社，2011：2－22.

[3] 盖地．税务会计与纳税筹划［M］．大连：东北财经大学出版社，2000.

[4] 葛家澍，刘峰．会计理论——关于财务会计概念结构的研究［M］．北京：中国财政经济出版社，2003：136－141.

[5] 贾绍华．中国税收流失问题研究［M］．北京：中国财政经济出版社，2002.

[6] 梁朋．税收流失经济分析［M］．北京：中国人民大学出版社，2000.

[7] 刘怡，梁俊桥，刘春．个人税务与遗产筹划［M］．北京：中信出版社，2004.

[8] 刘园，李志群．股票期权制度分析［M］．北京：对外经济贸易大学出版社，2002.

[9] 迈伦·斯科尔斯，马克·沃尔夫森，默尔·埃里克森，爱德华·梅杜，特里·谢富林．税收与企业战略［M］．北京：中国财政经济出版社，2004.

[10] 王化成．中国上市公司盈余质量研究［M］．北京：中国人民大学出版社，2008.

[11] 薄仙慧，吴联生．国有控股与机构投资者的治理效应：盈余管理视

角［J］. 经济研究，2009（2）：81－91.

［12］蔡宁. 会计准则制订——以规则为基础，还是以原则为基础［J］. 财务与会计，2003（10）：21－22.

［13］陈传明，孙俊华. 企业家人口背景特征与多元化战略选择——基于中国上市公司面板数据的实证研究［J］. 管理世界，2008（5）：124－133.

［14］陈冬，唐建新. 高管薪酬、避税寻租与会计信息披露［J］. 经济管理，2012（5）：114－122.

［15］陈汉文，夏文贤. 独立董事制度与会计信息质量控制——利用博弈理论进行的解释［J］. 厦门大学学报（哲学社会科学版），2003（5）：94－100.

［16］陈捷. 国际避税的危害及我国反避税［J］. 税务研究，2005（11）：65－67.

［17］陈勇，廖冠民，王霆. 我国上市公司股权激励效应的实证分析［J］. 管理世界，2005（2）：158－159.

［18］陈震，张鸣. 业绩指标、业绩风险与高管人员报酬的敏感性［J］. 会计研究，2008（2）：47－54.

［19］谌新民，刘善敏. 上市公司经营者报酬结构性差异的实证研究［J］. 经济研究，2003（8）：55－63.

［20］程燕芸. 新企业所得税法下的税务筹划［J］. 时代经贸，2008（6）：148－149.

［21］程仲鸣，夏银桂. 制度变迁、国家控股与股权激励［J］. 南开管理评论，2008（4）：89－96.

［22］崔晓静. 金融危机后国际避税地法律监管的新发展［J］. 税务研究，2011（5）：92－95.

［23］杜兴强，温日光. 公司治理与会计信息质量：一项经验研究［J］. 财经研究，2007（1）：122－133.

［24］杜兴强，周泽将. 上市公司中期财务报告自愿审计的公司治理动因——基于深圳证券市场的经验证据［J］. 上海立信会计学院学报，2007（2）：53－60.

［25］杜兴强. 会计信息的产权问题研究［J］. 会计研究，1998（7）：13－18.

［26］盖地. 避税的问与答［J］. 会计之友，2008（2上）：68－71.

[27] 高雷，宋顺林．高管报酬激励与企业绩效 [J]．财经科学，2007 (4)：96－104.

[28] 高雷，宋顺林．高管人员持股与企业绩效 [J]．财经研究，2007 (3)：134－143.

[29] 高培勇．中国税收持续高速增长之谜 [J]．经济研究，2006 (12)：13－23.

[30] 何威风，刘启亮．我国上市公司高管背景特征与财务重述行为研究 [J]．管理世界，2010 (7)：144－155.

[31] 洪峰．管理层权利、治理结构与薪酬业绩敏感度 [J]．云南财经大学学报，2010 (5)：97－105.

[32] 黄虹，张鸣，柳琳．"回购＋动态考核"限制性股票激励契约模式研究——基于昆明制药股权激励方案的讨论 [J]．会计研究，2014 (2)：27－33.

[33] 姜付秀，伊志宏，苏飞，黄磊．管理者背景特征与企业过度投资行为 [J]．管理世界，2009 (1)：130－139.

[34] 金鑫，雷光勇．审计监督、最终控制人性质与税收激进度 [J]．审计研究，2011 (5)：98－106.

[35] 雷光勇，李帆，金鑫．股权分置改革、经理薪酬与会计业绩敏感度 [J]．中国会计评论，2010 (1)：17－29.

[36] 雷虹云．借鉴国际经验完善避税地税务管现 [J]．涉外税务，2008 (9)：18－22.

[37] 李江波，赵俐佳．高级管理层薪酬与公司绩效的实证研究——基于中小企业板公司2006—2008年面板数据分析 [J]．云南财经大学学报，2010 (2)：80－86.

[38] 李俊英．企业税务筹划与偷税、避税 [J]．内蒙古财经学院学报，2001 (2)：46－50.

[39] 李延喜，包世泽，高锐，孔宪京．薪酬激励、董事会监管与上市公司盈余管理 [J]．南开管理评论，2007，10 (6)：51－61.

[40] 李曜．股票期权与限制性股票股权激励方式的比较研究 [J]．经济管理，2008 (30)：23－24.

[41] 李增泉．激励机制与企业绩效——一项基于上市公司的实证研究 [J]．会计研究，2000 (1)：24－30.

[42] 刘斌，刘星. CEO薪酬与企业业绩互动效应的实证检验 [J]. 会计研究，2003 (3)：35-40.

[43] 刘晨，阳田华. 避税港型离岸金融中心对我国跨境资本流动的影响及监管建议 [J]. 财政研究，2011 (9)：38-41.

[44] 刘浩，孙铮. 西方股权激励契约结构研究综述 [J]. 经济管理，2009 (4)：166-168.

[45] 刘华，涂敏杰，丁光宗. 基于现金交易的双元控制主体企业增值税逃税研究 [J]. 税务研究，2008 (7)：69-71.

[46] 刘剑文，丁一. 避税之法理新探（上）[J]. 涉外税务，2003 (8)：8-12.

[47] 刘剑文，丁一. 避税之法理新探（下）[J]. 涉外税务，2003 (9)：21-25.

[48] 刘立国，杜莹. 公司质量与会计信息质量关系的实证研究 [J]. 会计研究，2003 (2)：28-36.

[49] 刘行，叶康涛. 企业的避税活动会影响投资效率吗？[J]. 会计研究，2013 (6)：47-53.

[50] 陆建桥. 中国亏损上市公司盈余管理实证研究 [J]. 会计研究，1999 (9)：25-34.

[51] 吕长江，严明珠，郑慧莲，许静静. 为什么上市公司选择股权激励计划？[J]. 会计研究，2011 (1)：68-75.

[52] 吕长江，张海平. 股权激励计划对公司投资行为的影响 [J]. 管理世界，2011 (11)：118-126.

[53] 吕长江，赵宇恒. 国有企业高层管理者激励效应研究 [J]. 管理世界，2008 (11)：99-109.

[54] 吕伟，陈丽花，佘名元. 商业战略，声誉风险与企业避税行为 [J]. 经济管理，2011 (11)：121-129.

[55] 吕伟，李明辉. 高管激励、监管风险与公司税负——基于制造业上市公司的实证研究 [J]. 山西财经大学学报，2012 (5)：71-78.

[56] 罗富碧，冉茂盛，杜家廷. 高管人员股权激励与投资决策关系的实证研究 [J]. 会计研究，2008 (8)：69-76.

[57] 罗光，萧艳汾. 考虑税收遵从成本的逃税模型研究 [J]. 税务研究，2007 (1)：82-84.

[58] 孟焰，张秀梅．上市公司关联方交易盈余管理与关联方利益转移关系研究［J］．会计研究，2006（4）：37－43.

［59］石水平．控制权转移、超控制权与大股东利益侵占——来自上市公司高管变更的经验证据［J］．金融研究，2010（4）：160－176.

［60］宋增基，张宗益．上市公司经理持股与公司绩效实证研究［J］．重庆大学学报，2002（8）：1－3.

［61］孙晓芳，顾少波，黄欣．企业激励机制的创新——对三种股权激励模式选择的研究［J］．财经理论与实践，2002（4）：129－130.

［62］孙铮，李增泉，王景斌．所有权性质、会计信息与债务契约——来自我国上市公司的经验证据［J］．管理世界，2006（10）：100－107.

［63］田存志，吴新春．公司股权和管理层激励对信息非对称程度的影响研究［J］．南开管理评论，2010（4）：28－34.

［64］汪炜，蒋高峰．信息披露、透明度与资本成本［J］．经济研究，2004（7）：107－114.

［65］王化成，佟岩．控股股东与盈余质量——基于盈余反应系数的考察［J］．会计研究，2006（2）：66－74.

［66］王克敏，陈井勇．股权结构、投资者保护与公司绩效［J］．管理世界，2004（7）：127－133.

［67］王克敏，王志超．高管控制权、报酬与盈余管理［J］．管理世界，2007（7）：111－119.

［68］王立彦，刘向前．IPO 与非法定公司所得税收优惠［J］．经济学（季刊），2004（2）：457－474.

［69］王素荣，蒋高乐．新会计准则对上市公司所得税税负影响研究［J］．中国工业经济，2009（12）：117－127.

［70］王涛，陈雯．我们离美国还有多远——中美上市公司高管薪酬对比研究［J］．人力资源，2009（6）：27－31.

［71］王延明．上市公司所得税负担研究——来自规模、地区和行业的经验证据［J］．管理世界，2003（1）：115－122.

［72］王延明．上市公司所得税率变化的敏感性分析［J］．经济研究，2001（1）：74－81.

［73］王烨，叶玲，盛明泉．管理层权利、机会主义动机与股权激励计划设计［J］．会计研究，2012（10）：35－41.

[74] 王跃堂，王亮亮，贡彩萍. 所得税改革、盈余管理及其经济后果 [J]. 经济研究，2009 (3)：86－98.

[75] 魏刚. 高级管理层激励与上市公司经营业绩 [J]. 经济研究，2000 (3)：32－39.

[76] 吴联生，李辰. "先征后返"、公司税负与税收政策的有效性 [J]. 中国社会科学，2007 (4)：61－73.

[77] 吴联生. 国有股权、税收优惠与公司税负 [J]. 经济研究，2009 (10)：109－120.

[78] 吴联生. 会计信息失真的"三分法"：理论框架与证据 [J]. 会计研究，2003 (1)：25－30.

[79] 吴淑琨. 股权结构与公司绩效的U型关系研究——1997—2000年上市公司的实证研究 [J]. 中国工业经济，2002 (1)：80－87.

[80] 吴文锋，吴冲锋，芮萌. 中国上市公司高管的政府背景与税收优惠 [J]. 管理世界，2009 (3)：134－142.

[81] 武晓玲，杜国柱，翟明磊. 公司治理结构对会计盈余质量的影响研究——基于沪深A股上市公司的实证数据 [J]. 山西财经大学学报，2010 (10)：117－124.

[82] 夏纪军，张晏. 控制权与激励的冲突——兼对股权激励有效性的实证分析 [J]. 经济研究，2008 (3)：87－98.

[83] 夏立军. 盈余管理计量模型在中国股票市场的应用研究 [J]. 中国会计与财务研究，2003 (2)：95－123.

[84] 向朝进，谢明. 我国上市公司绩效与公司治理结构关系的实证分析 [J]. 管理世界，2003 (5)：117－124.

[85] 肖继辉. 基于不同股权特征的上市公司经理报酬业绩敏感性 [J]. 南开管理评论，2005 (3)：18－24.

[86] 肖淑芳，刘颖，刘洋. 股票期权实施中经理人盈余管理行为研究——行权业绩考核指标设置角度 [J]. 会计研究，2013 (12)：40－46.

[87] 肖淑芳，喻梦颖. 股权激励与股利分配——来自中国上市公司的经验证据 [J]. 会计研究，2012 (8)：49－57.

[88] 肖淑芳，张超. 上市公司股权激励、行权价操纵与送转股 [J]. 管理科学，2009 (6)：84－94.

[89] 肖淑芳，张晨宇，张超，轩然. 股权激励计划公告前的盈余管

理——来自中国上市公司的经验证据 [J]. 南开管理评论, 2009 (4): 113 - 119.

[90] 谢军, 梁树洪. 政治因素和业绩因素对管理层变更的影响——来自上市公司的证据 [J]. 云南财经大学学报, 2011 (5): 94 - 102.

[91] 徐大伟, 蔡锐, 徐鸣雷. 管理层持股比例与公司绩效关系的实证研究——基于中国上市公司的 MBO [J]. 管理科学, 2005 (4): 40 - 47.

[92] 徐倩. 不确定性、股权激励与非效率投资 [J]. 会计研究, 2014 (3): 41 - 48.

[93] 徐向艺, 王俊华, 巩震. 高管人员报酬激励与公司治理绩效研究 [J]. 中国工业经济, 2007 (2): 94 - 100.

[94] 许波. 公司治理结构与盈余管理模式的互动分析 [J]. 中央财经大学学报, 2005 (1): 52 - 55.

[95] 杨默如. 偷税、避税与税务筹划——概念界定的国际借鉴及法律建议 [J]. 经济视角, 2010 (7): 56 - 58.

[96] 杨之曙, 彭倩. 中国上市公司收益透明度实证研究 [J]. 会计研究, 2004 (11): 62 - 70.

[97] 叶康涛. 盈余管理与所得税支付: 基于会计利润与应税所得之间差异的研究 [J]. 中国会计评论, 2006 (2): 205 - 224.

[98] 尤克洋. 小规模增值税的税收筹划及实务研究 [J]. 会计之友, 2006 (7): 31 - 32.

[99] 于东智, 谷立日. 上市公司管理层持股的激励效用及影响因素 [J]. 经济理论与经济管理, 2001 (9): 24 - 30.

[100] 袁淳, 王平. 会计盈余质量与价值相关性: 来自深市的经验证据 [J]. 经济理论与经济管理, 2005 (5): 36 - 39.

[101] 袁知柱, 鞠晓峰. 制度环境、公司治理与股价信息含量 [J]. 管理科学, 2009 (1): 17 - 29.

[102] 曾亚敏, 张俊生. 税收征管能够发挥公司治理功用吗? [J]. 管理世界, 2009 (3): 143 - 151.

[103] 曾颖, 陆正飞. 信息披露质量和股权融资成本 [J]. 经济研究, 2006 (2): 69 - 79.

[104] 翟华云. 产权性质、社会责任表现与税收激进性研究 [J]. 经济科学, 2012 (6): 80 - 90.

[105] 张程睿，王华．公司信息透明度的市场效应——来自中国A股市场的经验数据［J］．中国会计评论，2007（5）：1.

[106] 张海平，吕长江．上市公司股权激励与会计政策选择：基于资产减值会计的分析［J］．财经研究，2011（7）：60－70.

[107] 张宏林．税务筹划与避税分析［J］．经济师，2001（7）：114－115.

[108] 张捷．会计信息基本概念探析［J］．财经问题研究，2000（4）：52－54.

[109] 张兆国，刘晓霞，邢道勇．公司治理结构与盈余管理——来自中国上市公司的经验证据［J］．中国软科学，2009（1）：122－133.

[110] 赵德芳．对资本弱化避税案例的思考［J］．税务研究，2010（1）：72－75.

[111] 中国企业家调查系统．中国企业家队伍成长现状与环境评价——2003年中国企业经营者成长与发展专题调查报告［J］．管理世界，2003（7）：110－119.

[112] 周晖，马瑞，朱久华．中国国有控股上市公司高管薪酬激励与盈余管理［J］．财经理论与实践，2010（4）：48－52.

[113] 周嘉南，黄登仕．上市公司高级管理层报酬业绩敏感度与风险之间关系的实证检验［J］．会计研究，2006（4）：44－50.

[114] 周建波，孙菊生．经营者股权激励的治理效应研究——来自中国上市公司的经验证据［J］．经济研究，2003（5）：74－82.

[115] 周黎安，刘冲，厉行．税收努力、征税机构与税收增长之谜［J］．经济学（季刊），2011（1）：1－18.

[116] 周其仁．市场里的企业：一个人力资本和非人力资本的特别合约［J］．经济研究，1996（6）：71－80.

[117] 周仁俊，高开娟．大股东控制权对股权激励效果的影响［J］．会计研究，2012（5）：50－58.

[118] 周业安．经理报酬与企业绩效关系的经济学分析［J］．中国工业经济，2000（5）：60－65.

[119] 朱青，王小荣，孙茂竹．企业所得税反避税：意义、措施与任务［J］．涉外税务，2008（9）：14－18.

[120] 黄黎明．跨国公司税收筹划问题研究［D］．厦门：厦门大

学，2004.

[121] 沈肇章．基于企业避税行为分析的反避税策略研究 [D]．广州：暨南大学，2008.

[122] 吴申军．论我国转让定价税制的改革完善 [D]．厦门：厦门大学，2004.

[123] 张海平．上市公司股权激励效应研究 [D]．上海：复旦大学，2011.

[124] 盛常艳，薛兴华，张永强．我国个人所得税专项附加扣除制度探讨 [J]．税务研究，2018，406 (11)：50 - 54.

[125] 盖地，盛常艳．内部控制缺陷及其修正对审计收费的影响——来自中国A股上市公司的数据 [J]．审计与经济研究，2013 (03)：23 - 29.

[126] 盛常艳．内部控制缺陷信息披露与公司业绩的关系——来自中国A股上市公司的数据 [J]．现代财经，2012 (6)：88 - 95.

[127] 盛常艳，An Examination Of Information Disclosure In Internal Control Material Weaknesses And Audit Fees，2011 EURO ASIA Proceedings Conference Freibeig，2011.8：114 - 121.

[128] Watts，R. Zimmerman，J. Positive accounting theory [M]. Englewood Cliffs，Prentice - Hall，1986.

[129] Agrawal Anup，Gershon，N. Mandelker. Managerial incentives and corporate investment and financing decisions [J]. Journal of Finance，1987，42 (4)：823 - 837.

[130] Agrawal，A.，Knoeber，C. Firm performance and mechanisms to control agency problems between managers and shareholders [J]. Journal of Financial and Quantitative Analysis，1996，31 (3)：377 - 397.

[131] April Klein. Audit committee，board of director characteristics，and earning management [J]. Journal of Accounting and Economics，2002 (33)：375 - 400.

[132] Armstrong，C.，Jagolinzer，A.，Larcker，D. Chief Executive Officer Equity Incentives and Accounting Irregularities [J]. Journal of Accounting Research，2010 (48)：225 - 271.

[133] Arya and BMittendorf. Offering Stock Options to Gauge Managerial Talen [J]. Journal of Accounting and Economies，2005 (40)：189 - 210.

[134] Atwood, R., Drake, M., Myers, L., Book - tax conformity, earnings persistence and the association between earnings and future cash flows [J]. Journal of Accounting & Economics, 2010 (50): 111 - 125.

[135] B. J. Hall, and K. J. Murphy. Stock Options for Undiversified Executives [J]. Journal of Accounting and Economics, 2002, 33 (1): 3 - 42.

[136] Baker, M., J. C. Stein, J. Wurgler. When Does The Market Matter? Stock PricesAnd TheInvestment Of Equity - Dependent Firms [J]. The Quarterly Journal of Economics, 2003, 118 (3): 969 - 1005.

[137] BamberL. S. J. Jiang, K. R. Petroni and I.. YWang. Comprehensive ineome who's afraid of performance reporting [J]. Accounting Review, 2010 (85): 97 - 126.

[138] Bartov, E., I. Krinsky, J. Lee. Evidence on how companies choose between dividends and open - market stock repurchases [J]. Journal of Applied Corporate Finance, 1998 (11): 89 - 96.

[139] Bebchuck, L., A. Cohen, and A. Ferrell What matters in corporate governance? [J]. The Review of Financial Studies, 2008, 22 (2): 783 - 827.

[140] Bebchuk L. A., Fried J. M. Executive Compensation as An Agency Problem [J]. Journal of Economic Perspectives, 2003, 17 (3): 71 - 92.

[141] Berger, P., Explicit and implicit tax effects of the R & D tax credit [J]. Journal of Accounting Research, 1993 (31): 131 - 171.

[142] Bergstresser, Daniel, and Thomas Philippon. CEO incentives and earnings management [J]. Journal of Financial Economics, 2006 (80): 511 - 529.

[143] Bhattacharya, U., H. Daouk, and M. Welker. The world price of earnings opacity [J]. The Accounting Review, 2003 (78): 641 - 678.

[144] Biddle, G C., Hilary, G., Verdi, R. S. How does financial reporting quality relate toinvestment efficiency [J]. Journal of Accounting and Economics, 2009, 48 (2 - 3): 112 - 131.

[145] Bloomfield RJ. & TJ. Wilks. Disclosure Effects in the Laboratory: Liquidity, Depth. and the Cost of Capital [J]. The Accounting Review, 2000, 75 (1): 13 - 41.

[146] Brown, L., and M. Caylor. A temporal analysis of quarterly earnings thresholds: Propensities and valuation consequences. The Accounting Review [J].

2005, 80 (2): 423 -442.

[147] Burns Natasha and Simi Kedia. The Impact of Performance - based Compensation on Misreporting [J]. Journal of Financial Economicss, 2006 (79): 35 -67.

[148] Bushman, R., Chen, Q., Engel, E., Smith, A., Financial accounting information, organizational complexity and corporate governance systems [J]. Journal of Accounting & Economics, 2004 (37): 167 -201.

[149] Callihan, D. Corporate effective tax rates: A synthesis of the literature [J]. Journal of Accounting Literature, 1994 (13): 1 -43.

[150] Chen, S., X. Chen, Q. Cheng, and T. Shevlin. Are family firms more tax aggressive thannon - family firms? [J]. Journal of Financial Economics, 2010, 95 (1): 41 -61.

[151] Chen, K. P., and C. Y. C. Chu. Internal Control versus External Manipulation: A Model of Corporate Income Tax Evasion [J]. The RAND Journal of Economics, 2005, 36 (1): 151 -164.

[152] Cheng Qian and Warfield, T. D., Equity incentives and earnings management [J]. The Accounting Review, 2005: 441 -476.

[153] Cloyd, B. The effects of financial accounting conformity on recommendations of tax preparers [J]. Journal of the American Taxation Association, 1995, 17 (2): 50 -70.

[154] Cohen, D. A., Zarowin, P. Accrual - based and real earnings management activities around seasoned equity offerings [J]. Journal of Accounting and Economics, 2010, 50 (1): 2 -19.

[155] Cohen, D. A., Dey, A., Lys, T. Z. Real and Accrual - Based Earnings Management in the Pre - and Post - Sarbanes - Oxley Periods [J]. The Accounting Review, 2008, 83 (3): 757 -787.

[156] Coles, J. L., N. D. Naveen, and L. Naveen. Managerial incentives and risk - taking [J]. Journal of Financial Economics, 2006, 79 (2): 431 -468.

[157] Comprix, J., Graham, R., Moore, J., Empirical evidence on the impact of book - tax differences on information asymmetry [J]. Working paper, Syracuse University, 2010.

[158] Crocker, K. J. and J. Slemrod. Corporate tax evasion with agency costs

[J]. Journal of Public Economics, 2005 (89): 1593 - 1610.

[159] Dechow, P. and Dichev, I. The quality of accruals and earnings: The role of accrual estimation errors [J]. The Accounting Review, 2002 (77): 35 - 59.

[160] Dechow, P., Sloan and A. Sweeney. Detecting Earnings Management [J]. The Accounting Review, 1995 (70): 193 - 225.

[161] Dechow, P., Kothari, S. P., Watts, R. TheRelation between earnings and Cash Flows [J]. Joumal of Accounting and Economics, 1998 (25): 133 - 168.

[162] Dechow, P. M., Dichev, D. The quality of accruals and earnings: the role of accrual estimation errors [J]. The Accounting Review, 2002 (77): 35 - 59.

[163] Demsetz, H. and Lehn, K. The Structure of Corporate Ownership: Causes and Consequences [J]. Journal of Political Economy, 1985 (93): 1155 - 1177.

[164] Desai, M. and D. Dharmapala. Earnings Management, corporate tax shelters, and book - tax alignment [J]. National Tax Journal, 2009 (72): 169 - 186.

[165] Desai, M. International taxation and multinational activity [J]. National Tax Journal, 2002 (55): 845 - 848.

[166] Desai, M., and D. Dharmapala. Corporate tax avoidance and high - powered incentives [J]. Journal of Financial Economics, 2006, 79 (1): 145 - 179.

[167] Dorff, M. B., Does one hand wash the other? Testing the managerial power and optimal contracting theories of executive compensation [J]. Journal of Corporation Law, 2005 (30): 255 - 377.

[168] Dyreng, S., M. Hanlon, and E. Maydew. The effects of executives on corporate tax avoidance [J]. The Accounting Review, 2010, 85 (4): 1163 - 1189.

[169] Dyreng, S., M. Hanlon, and E. Maydew. Long - Run Corporate Tax Avoidance. The Accounting Review [J]. 2008, 83 (1): 61 - 82.

[170] Efendi J., Srivastava A., Swanson. EP. Why Do Corporate Managers Misstate Financial Statements? The Role of Option Compensation and Other Factors

[J]. Journal of Financial Economics, 2007, 85 (3): 667 -708.

[171] Engel, E. , Erickson, M. , Maydew, E . , Debt - equity hybrid securities [J]. Journal of Accounting Research, 1999 (37): 249 -274.

[172] Erickson, M. , M. Hanlon, and E. L. Maydew. Is There a Link between Executive Equity Incentives and Accounting Fraud? [J]. Journal of Accounting Research, 2006 (44): 113 -143.

[173] Fama, E. , French, K. , Industry costs of equity [J]. Journal of Financial Economics, 1997 (43): 153 -193.

[174] Fama, E. F. , Jensen, M. C. Separation of Ownership and Control [J]. Journal of Law and Economics, 1983, 26 (2): 301 -325.

[175] Fan, J. R H. , Wong, T. J. Corporate Ownership Structure and the Informativeness of Accounting Earnings in East Asia [J]. Journal of Accounting and Economics, 2002, 33 (3): 401 -425.

[176] Fan, J. P. H. , Wong, T. J. , and Zhang, T. Politically connected CEOs, Corporate Governance and Post - IPO Performance of China's Partially Privatized Firms [J]. Journal of Financial Economics, 2007 (84): 330 -357.

[177] Fdtham, G. A. and M. Wu, Incentive Efficiency of Stock versus Options [J]. Review of Accounting Studies, 2001, 6 (1): 7 -28.

[178] Feng, Y. and Y. S. Tian. Option Expensing and Managerial Equity Incentives [J]. Financial Markets, Institutions & Instruments, 2009, 18 (3): 195 -241.

[179] Firth, M. P. Fung, and O. Rui, Corporate Performance and CEO Compensation in China [J]. Journal of Corporate Finance, 2006 (12): 693 -714.

[180] Francis, J. , La fond, R. , Olsson, P. , Schipper, K. , Cost of equity and earnings attributes. The Accounting Review [J]. 2004, 79: 967 -1010.

[181] Francis, J. , Philbrick, D. , Schipper, K. , Shareholder litigation and corporate disclosure [J]. Journal of Accounting Research, 1994, 32 (2): 137 -164.

[182] Frank, Mary Margaret Lynch, and S. Rego, Sonja Olhoft. Tax reporting aggressiveness and its relation to aggressive financial reporting [J]. The Accounting Review, 2009, 84 (2): 467 -496.

[183] George W. Fenn, Nellie Liang. Corporate payout policy and managerial

stock incentives [J]. Journal of Financial Economics, 2001, 60 (1): 45 -72.

[184] Ghosh C. and C. F. Sirmans, Board Independence, Ownership Structure and Performance: Evidencefrom Real Estate Investment Trust [J]. Journal of Real Estate Finance Economics, 2003, 26 (2): 287 -318.

[185] Goldman, E. and S. Slezak, An equilibrium model of incentive contracts in the presence of information manipulation [J]. Journal of Financial Economics, 2006 (80): 603 -626.

[186] Graham, J. R., M. H. Lang, and D. A. Shackelford. Employee Stock Options, Corporate Taxes, and Debt Policy [J]. Journal of Finance, 2004 (59): 1585 -1618.

[187] Graham, J., and A. Tucker. Tax shelters and corporate debt policy [J]. Journal of Financial Economics, 2006 (81): 563 -594.

[188] Grossman, S., Hart, O. The Costs and benefits of Ownership: A Theory of Vertical and Lateral Integration [J]. Journal of Political Economy, 1986, 94 (4): 691 -719.

[189] Gu, Z., Wu, J. S., Earnings skewness and analyst forecast bias. Journal of Accounting & Economics [J]. 2003, 35, 5 -29.

[190] Guay, W. R. The sensitivity of CEO wealth to equity risk: An analysis of the magnitude and determinants [J]. Journal of Financial Economics, 1999, 53: 43 -71.

[191] Guenther, D., Maydew, E., Nutter, S., Financial reporting, tax costs, and book - tax conformity [J]. Journal of Accounting & Economics, 1997 (23): 225 -248.

[192] Gupta, S., and K. Newberry. Determinants of the variability in corporate effective tax rates: Evidence from longitudinal data [J]. Journal of Accounting and Public Policy, 1997, 16 (1): 1 -34.

[193] Hall, Liebman. Are CEOs really paid like bureaucrats? [J]. Quarterly Journal of Economics, 1998: 653 -691.

[194] Hanlon, M., Heitzman, S., A review of tax research [J]. Journal of Accounting and Economics, 2010 (50): 127 -178.

[195] Hanlon, M. The persistence and pricing of earnings, accruals, and cash flows when firms have large book - tax differences. The Accounting Review [J].

2005, 80 (1): 137 - 166.

[196] Hanlon, M. , and J. Slemrod. What does tax aggressiveness signal? Evidence from stock price reactions to news a bout tax shelter involvement [J]. Journal of Public Economics, 2009, 93 (1 - 2): 126 - 141.

[197] Hanlon, M. , Maydew, E. , Shevlin, T. , An unintended consequence of book - tax conformity: A loss of earnings informativeness [J]. Journal of Accounting & Economics, 2008 (46): 294 - 311.

[198] Hanlon, M. , S. Laplante, and T. Shevlin. Evidence on the possible information loss of conforming book income and taxable income [J]. Journal of Law and Economics, 2005, 48 (2): 407 - 442.

[199] Hanlon, M. , The persistence and pricing of earnings, accruals, and cash flows when firms have large book - tax difference [J]. The Accounting Review, 2005 (80): 137 - 166.

[200] Harris, J. , and P. Bromiley. Incentives to Cheat: The Influence of Executive Compensation and Firm Performance on Financial Misrepresentation [J]. Organizational Science, 2007 (18): 350 - 367.

[201] Hart, O. and J. More, Property Rights and the Nature of the Firm [J]. Journal of Political Economy, 1990 (98): 1119 - 1158.

[202] Healy, Paul M. , Krishna G. Palepu, Information asymmetry, corporate disclosure, and the capital markets: A review of the empirical disclosure literature [J]. Journal of Accounting and Economics, 2001 (31): 405 - 440.

[203] Hearly R. , Hutton A. & Palepu K. Stock Performance and Intermediation Changes Surrounding Sustained Increase in Disclosure [J]. Contemporary Accounting Research, 1999 (6): 485 - 520.

[204] Himmelberg, C. , Hubbard, G. and D. Palia, Understanding the Determinants of Managerial Ownership and the Link between Ownership and Performance [J]. Journal of Financial Economics, 1999 (53): 353 - 384.

[205] Hribar, P. , and D. Collins. Errors in estimating accruals: Implications for empirical research [J]. Journal of Accounting Research. 2002, 40 (1): 105 - 139.

[206] Hunt, A. , S. Moyer, and T. Shevlin. Managing interacting accounting measures to meet multiple objectives: a study of LIFO firms [J]. Journal of

Accounting and Economics, 1996, 21 (3): 339 -374.

[207] Huseynov, Fariz, and Klamm, Bonnie K. Tax Avoidance, Tax Management and Corporate Social Responsibility [J]. Journal of Corporate Finance, 2012, 18 (4): 804 -827.

[208] Itter C. , D. Larcker and M . Rajan. The Choice of Performance Measures in Annual Bonus Contracts [J]. Accounting Review, 1997 (2): 231 -255.

[209] J. McConnell and H. Servaes. Additional Evidence on Equity Ownship and Corporate Value [J]. Journal of Financial Economics, 1990 (27): 595 - 612.

[210] Jensen, M. C. , Meckling, W. Theory of the Firm: Managerial Behavior, Agency Costs and Ownership Structure [J]. Journal of Financial Economics, 1976, 3 (4): 305 -360.

[211] John Core and Wayne Guary. The Use of Equity Grants to Manage Optimal Equity Incective Levels [J]. Journal of Accounting and Economics, 1999 (28): 151 -184.

[212] Johnson, S. A. , H. E. Ryan, and Y. S. Tian. Managerial Incentives and Corporate Fraud: The Sources of Incentives Matters [J]. Review of Finance, 2009 (13): 115 -145.

[213] Johnson, W. , and D. Dhaliwal. LIFO abandonment [J]. Journal of Accounting Research, 1988, 26 (2): 236 -272.

[214] Jones. J. J. Earnings Management during import relief investigations [J]. Journal of Accounting Research, 1991 (29): 193 -228.

[215] K. J. Murphy. Stock - Based Pay in New Economy Firms [J]. Journal of Accounting and Economics, 2003 (34): 129 -147.

[216] Kellogg, R. , Accounting activities, security prices, and class action lawsuits [J]. Journal of Accounting and Economics, 1984 (6): 185 -204.

[217] Kern, B. B. , M. H. Morris. Taxes and Firm Size: The E ffect of Tax Legislation during 1980s [J]. Journal of the American Taxation Association, 1992 (14): 80 -96.

[218] Kim O. & Verrecchia R. E. Market Liquidity and Volume around Earning Announcement [J]. Journal of Accounting Economics, 1994 (17): 4 -67.

[219] Kim, J. , Y. Li, and L. Zhang. Corporate Tax Avoidance and Stock

Price Crash Risk: Firm - level Analyses [J]. Journal of Financial Economics, 2011 (100): 630 - 662.

[220] Klein, A. Audit Committee, Board of Director Characteristics, and Earnings Management [J]. Journal of Accounting and Economics, 2002 (33): 375 - 400.

[221] La Porta, R, Lopez - de - Silanes, F., Shleifer, A. et al. Investor Protection and Corporate Govemance [J]. Journal of Financial Economics, 2000, 58 (1): 3 - 27.

[222] Lanis, R, and G. Richardson. The Effect of Board of Director Composition on Corporate Tax Aggressiveness [J]. Journal of Accounting and Public Policy, 2011, 30 (1): 50 - 70.

[223] LaPorta, R., Lopez - de - Silanes, R, Shleifer, A. et al. Law and Finaiice [J]. Journal of Political Economy, 1998, 106 (6): 1113 - 1155.

[224] Laux, C., and V. Laux. Board Committees, Ceo Compensation, and Earnings Management [J]. Accounting Review, 2009, 84 (3): 869 - 891.

[225] Lazear, E. P., The Power of Incentives [J]. American Economic Review, 2000, 90 (2): 410 - 414.

[226] Leuz, C., Nanda, D., Wysocki, P. D. Earnings management and investor protection: an international comparison [J]. Journal of Financial Economics, 2003, 69 (3): 505 - 527.

[227] Lev, B., Nissim, D., Tax income, future earnings and equity values [J]. The Accounting Review, 2004 (74): 1039 - 1074.

[228] Liljeblom, Eva and Pasternack, Daniel. Share Repurchases, Dividends, and Executive Options: the Effect of Dividend Protection [J]. European Financial Management, 2006, 12 (1): 7 - 28.

[229] Lisowsky, P. Seeking shelter: Empirically modeling tax shelters using financial statement information [J]. The Accounting Review, 2010, 85 (5): 1693 - 1720.

[230] Lundholm R, Myers A. Bringing the future Forward: The effect of disclosure on the returns - earnings relationf [J]. Journal of Accounting research, 2002, 40 (3), 809 - 839.

[231] M. C. Jensen, K, J. Murphy. Performance Pay and Top - manangement

Incentives [J]. Journal of Political Economy, 1990, 4 (98): 225 -264.

[232] M. Conyon and K. Murphy. The Prince and the Pauper: CEO Pay in theUnited States and in the United Kingdom [J]. The Economic Journal, 2000 (110): 640 -671.

[233] Manzon, G., and G. Plesko. The relation between financial and tax reporting measures of income [J]. Tax Law Review, 2002, 55: 175 -214.

[234] Matsunaga, S., Shevlin, T., Shores, D., Disqualifying dispositions of incentive stock options: tax benefits vs financial reporting costs [J]. Journal of Accounting Research, 1992, 31 (1): 37 -68.

[235] Maydew, E., Tax - induced earnings manage ment by firms with net operating losses [J]. Journal of Accounting Research, 1997 (35): 83 -96.

[236] McAnally, M. L., A. Srivastava, and C. Weaver, Executive stock options, misses esrnings targets and earnings management [J]. The Accounting Review, 2008, 83 (1): 185 -216.

[237] McGill, G., and E. Outslay. Did enron pay taxes? Using accounting information to decipher tax status [J]. Tax Notes, 2002, 96 (8): 1125 -1136.

[238] McGill, G., and E. Outslay. Lost in translation: Detecting tax shelter activity in financial statements [J]. National Tax Journal, 2004, 57 (3): 739 - 756.

[239] McKinnon, J. L, Dalimunthe, L. Voluntary disclosure ofsegment information by australian diversified companies [J]. Accounting and Finance, 1993, 33 (1): 33 -50.

[240] McNichols, M, F. The Quality of Accruals and Earnings: The Role of Accrual Estimation Errors [J]. Accounting Review, 2002, 77 (1): 61 -69.

[241] Mehran, H, Executive Compensation Structure, Ownership, and Firm Performance [J]. Journal of Financial Economics, 1995 (38): 163 -184.

[242] Michael C. Jensen and William H. Meckling. Theory of Firm: Managerial Behavior, Agency Costs and Ownership Structure [J]. Journal of Financial Economics, 1976 (3): 305 -360.

[243] Mills, L. and K. Newberry. The influence of tax and nontax co sts on book - tax reporting differences: public and private firms [J]. Journal of the American Taxation Association. 2011, 23 (1): 1 -19.

[244] Mills, L. Book - tax differences and Internal Revenue service adjustments [J]. Journal of Accounting Research, 1998, 36 (2): 343 -356.

[245] Mills, L. , M. Erickson, and E. Mayde w. Investments in tax planning [J]. The Journal of the American Taxation Association, 1998, 20 (1): 1 -20.

[246] Mitchell, J. D. , Chia, C. W. L. , Loh, A. S. , Voluntary disclosure of segment information: Further Australian evidence [J]. Accounting and Finance, 1995, 35 (2): 1 -16.

[247] Morck R. , Shleifer A. , Vishny RW. Management, Ownership and Market Valuation: An Empirical Analysis [J]. Journal of Financial Economics, 1988, 20 (1): 293 -315.

[248] Murphy, K. J. , and Zimmerman, J. L. Financial Performance Surrounding CEO Turnover [J]. Journal of Accounting and Economics, 1993 (16): 273 -315.

[249] Nagar, V. , D. Nanda, and P. D. Wysocki. Discretionary Disclosure and Stock - Based Incentives [J]. Journal of Accounting and Economics, 2003 (34): 283 -309.

[250] O'Connor, J. P. , R. L. Priem, J. E. Coombs, and K. M. Gilley. Do CEO Stock Options Prevent or Promote Fraudulent inancial Reporting? [J]. Academy of Management Journal, 2006 (49): 483 -500.

[251] Phillips, J . Corporate tax planning effectiveness: The role of compensation - based incentives [J]. The Accounting Review, 2003, 78 (3): 847 -874.

[252] Phillips, J. , M. Pincus, and S. Rego. Earnings management: New evidence based on deferred tax expense [J]. The Accounting Review, 2003, 78 (2): 491 -521.

[253] Rajgopal, S. and T. Shevlin. Empirical evidence on the relation between stock option compensation and risk taking [J]. Journal of Accounting and Economics, 2002, 33 (2): 145 -171.

[254] Rego, S. Tax - avoidance activities of U. S. multinational corporations [J]. Contemporary Accounting Research, 2003, 20 (4): 805 -833.

[255] Robert M. Bushman and Abbic J. Smith. Financial Accounting Information and Corporate Governance [J]. Journal of Accounting and Economics, 2001 (32): 237 -333.

[256] Robinson, J. , S. Sikes, and C. Weaver. Performance Measurement of Corporate Tax Departments [J]. The Accounting Review, 2010, 85 (3): 1035 - 1064.

[257] Roychowdhury, S. Earnings Management through Real Activities Manipulation [J]. Journal of Accounting and Economics, 2006, 42 (3): 335 -370.

[258] Sanders W M. and Hambrick D C. Swinging for the Fences: The Efects of CEO Stock Options on Company risk taking and performance [J]. Academy of Management Journal, 2007, 50 (5): 1055 -1078.

[259] Scholes, M. , Wilson, G. , Wolfson, M. , Tax planning, regulatory capital planning, and financial reporting strate gy for commercial banks [J]. The Review of Financial Studies, 1990, 3 (4): 625 -650.

[260] Shackelford, D. , Shevlin, T. , Empirical tax research in accounting [J]. Journal of Accounting & Economics, 2001 (31): 321 -387.

[261] Short. H and K. Keasey. Managerial Ownership and the Performance of Firms Evidence from the UK [J]. Journal of Corporate Finance, 1999 (5): 79 -101.

[262] Skinner, D. , Why firms voluntarily disclose bad news [J]. Journal of Accounting Research, 1994 (32): 38 -60.

[263] Slemrod, J. , The Economics of Corporate Tax Selfishness [J]. National Tax Journal, 2004, 57 (4): 877 -899.

[264] Sonja Olhoft Rego and Ryan Wilson, Equity Risk Incentives and Corporate Tax Aggressiveness [J]. Journal of Accounting Research, 2012 (50): 775 - 810.

[265] Stephen Bryan, Lee Seok Hwang, Steven Lilien. CEO stock - based compensation: An Empirical Analysis of Incentive - intensity, Relative Mix, and Economic Determinants [J]. Journal of Business, 2000, 73 (4): 661 -693.

[266] Trevor Buck, Azura Shahrim and Stefan Winter. Executive Stock Options in Germany: The Diffusion or Translation of US - style Corporate Governance? [J]. Journal of Management and Governance, 2004, 8 (173): 174.

[267] Warfield, T. D, Wild, J. J. Wild, K. L. Managerial Ownership, Accounting Choices, and Informativeness of Earnings [J]. Journal of Accounting and Economics, 1995, 20 (1): 61 -91.

[268] Weber, D., Do analysts and investors fully appreciate the implication of book – tax differences for future earnings? [J]. Contemporary Accounting Research, 2009, 26 (4): 1175 – 1206.

[269] Weisbach, D. Thinking outside the boxes: A response to Professor Schlunk [J]. Texas Law Review, 2002, 80 (4): 893 – 911.

[270] Wilson R H, Mueller W A. A New Method of Stock Control [J]. Harvard Business Review, 1969, 5 (2): 197 – 205.

[271] Wilson, R. An examination of corporate tax shelter participants [J]. The Accounting Review, 2009, 84 (3): 969 – 999.

[272] Wu, M. C., Kao, E. H. C. and Fung, H. G. Impact of dividend – protected employee stock options on payout polices: evidence fromTaiwan [J]. Pacific Economis Review, 2008, 13 (4): 431 – 452.

[273] Yin, G. How much tax do large public corporations pay? Estimating the effective tax rates of the S & P 500 [J]. Virginia Law Review, 2003, 89 (8): 1793 – 1856.

[274] Zimmerman, J. Taxes and firm size [J]. Journal of Accounting and Economics, 1983 (5): 119 – 149.

[275] GAO Report 06 – 078, Financial Restatements: Update of Public Company Trends, Market Impacts, and Regulatory Enforcement Activities [EB/OL]. http: //www. gao. gov/htext/d06678. html: 2006. 6.

[276] U. S. Department of the Treasury. The problem of corporate tax shelters: discussion, analysis and legislative proposals [EB/OL]. U. S. Government Press, Washington, D. C. http: //www. ustreas. gov/offices/tax – policy/library/ctswhite. pdf, 1999.

[277] Armstrong, C. S., J. L. Blouin, and D. F. Larcker. The incentives for tax planning. Working paper, Stanford University and University of Pennsylvania, 2010.

[278] Baber, W., S. Kang, and L. Liang. Shareholder Rights, Corporate Governance, and Accounting Restatement. Working paper, Georgetown University, 2007.

[279] Badertscher, B., S. Katz, and S. Rego. The impact of private equity ownership on portfolio firm's corporate tax planning. Working paper, University of

Notre Dame, 2011.

[280] Brown, J. , Drake, K. , Martin, M. , Is less really more? The moderating effect of tax risk on tax avoidance. Working paper, Arizona State University, 2010.

[281] Carola Frydman and Raven E. Saks. Historical Trends In Executive Compensation: 1936 -2003. working paper, 2007.

[282] Cazier, R. , S. Rego, X. Tian, and R. Wilson. Early evidence on the determinants of unrecognized tax benefits . Working paper, University of Iowa and Texas Christian University, 2009.

[283] Conyon. M. J and Sadler. G. V. How Does US and UK CEO Pay Measure up? Working paper, 2005.

[284] Guenther, D. , What do we learn from large book - tax differences? University of Oregon working paper, 2010.

[285] Gunny, K. A. What are the consequences of real earnings management? Working Paper, 2005.

[286] Hanlon, M. , Hoopes, J. , Shroff, N. , Uncle Sam is watching: The effect of tax authority monitoring and enforcement on financial reporting quality. MIT working paper, 2010.

[287] Karthik Balakrishnan, Jennifer L. Blouin and Wayne R. Guay. Does Tax Aggressiveness Reduce Corporate Transparency? Working paper, 2012.

[288] Lisowsky, P. , Robinson, L. , Schmidt, A. , Do pub licly disclosed tax rese rves tell us about privately disclosed tax shelter activity? Working paper, University of Illinois, 2010.

[289] McGuire, S. , D. Wang, and R. Wilson. Dual class ownership and tax avoidance. working paper. Texas A & M University, 2010.

[290] Raedy, J. , Seidman, J. , Shackelford, D. , Book - tax differences: Which one matter to equity investors? Working paper, University of North Carolina at Chapel Hill, 2010.

[291] Rajgopal, S. , Venkatachalam, M. , Jiambalvo, J. Is Institutional Ownership Associatedwith Earnings Management and the Extent to Which Stock Price Reflect Future Earnings? Working Paper, 1999.

[292] Rego, S. , Wilson, R. , Executive compensation, equity risk incen-

tives, and corporate tax aggressiveness. Working Paper, University of Iowa, 2010.

[293] Shackelford D. , J. Slemrod, and J. Sallee. A unifying model of how taxes affect the real and accounting decisions of corporations. University of Michigan working paper, 2007.

[294] Stephen H. Bryan, Robert C. Nash and Ajay Patel. The Structure of Executive Compensation: International Evidence from 1996 - 2004. Working paper, 2006.

[295] Zang, A. Y. Evidence on the Tradeoff between Real Manipulation and Accrual Manipulation. Working paper, 2007.